想開創璀璨的未來,先放下哀怨的心態

不念過去,不畏將來

Future depends on you

國文豪羅曼羅蘭說:「只有把抱怨環境的心情,化作奮發向上的力量,才是成功的保障。」
實如此,人只有勇於放下不如意的過去,踏實地活在當下,未來才可能充滿希望。
論過去的處境如何不堪,不論過去遭遇多少挫折和磨難,都必須學會放下,用積極樂觀的態度改變現況。
志與熱情是夢想的羽翼,自信與堅韌是成功的階梯,只有對生活抱持著積極樂觀態度的人,才能穿越荊棘遍佈的人生道路,
過眼前的難關,開創璀璨的未來……

凌越 編著

・凌 越

不念過去，不畏將來

雖然失敗的經驗很痛苦，
面對挫折的滋味也並不好受，
但只要我們對自己有信心，
就一定能看見生活中的每個機會。

《魯賓遜漂流記》作者笛福曾經寫道：「不要讓『未來』成為『過去』的複製品。」

我們經常會看到有些人不願放下，不斷地重複自己的過去，導致自己不僅在原地踏地步，甚至向後倒退。

人只有勇於放下不如意的過去，踏實地活在當下，未來才可能充滿希望。不論過去的處境如何不堪，不論過去遭遇多少挫折和磨難，都必須學會放下，用積極樂觀的態度改變現況。

只要認眞活在當下，你就不會有多餘的時間去哀悼過去那些不如己意的事，只有活在當下，你的內心才不會繼續儲存那些已經無法改變的事，只有確確實實地活在當下，才能讓你徹徹底底放下過去，不再和自己過不去。

唯有適時放下過去，你才能及時扭轉自己的命運。

作家奧維德曾經這麼說：「沒有勇氣過好今天的人，明天一定會過得更糟糕。」

　　人在徬徨迷惑的境遇中，最容易懷疑自己存在的價值，最容易用負面情緒折磨自己。唯有盡快忘掉那些不如意的過去，未來才能活得更亮麗。

　　過去一直去，未來一直來，只要認真活在當下，你就不會繼續哀悼過去那些不如己意的事，只有活在當下，你就不會畏懼即將到來的一切。

　　即使面對前所未見的人生風暴、經濟災難，人只要還活著，就必須積極適應環境，樂觀地改造自己的命運。

　　作家毛姆曾經寫道：「一個人要是跌進水裡，他游泳游得好不好，是無關緊要的。反正他得掙扎出去，不然就得淹死。」

　　日子難過，不一定是你的過錯，但是，如果想渡過眼前的難關，你就必須試著改變自己的生活。

　　改變或許要面對層層考驗，但只要你願意嘗試，就能拓展生命的深度和寬度，不再活得那麼痛苦。

　　颱風颳得再強，還是會有平息的時候，雨勢再猛烈，最終還是會停歇。

　　只要我們不失去信心，樂觀以對，就能耐心等到風平浪靜，便能再度揚帆，繼續尋找夢想中的蔚藍海岸。

　　剛加入行銷界的吉拉德遭遇多次拒絕之後，沮喪的情緒已經到了頂點，所幸妻子一再鼓勵他：「老公，你不妨想想結婚那時我們不也一無所有嗎？很快地我們便擁有了一切，如今，我們只不過又回到新婚初期而已嘛！放心，我對你很有信心，你一定會成功的！」

一直處在失意中的吉拉德，聽完妻子的話後，精神果然為之一振，點點頭說：「沒錯，我怎麼會因為一點挫折就失去信心了呢？我一定要有信心，我現在要找回屬於我的機會！」

重整心情後，吉拉德自信滿滿地來到底特律一間汽車經銷商，對經理哈雷先生說：「請讓我加入您的公司吧！」

經理為難地看著吉拉德，接著便問他：「你做過汽車推銷工作嗎？」

「沒有。」吉拉德誠實地回答。

經理訝然地說：「沒有？那你憑什麼認為自己可以勝任？」

吉拉德認真地說著：「因為，我曾經推銷過其他東西，像是報紙、房屋和食品……等等產品。」

「就這些？」經理質疑地問道。

「這些就夠了，因為人們真正買的是我，我其實是在推銷自己！哈雷先生！」吉拉德自信地回答。

經理笑著說：「不過，現在正值嚴冬，也是銷售淡季，如果我僱用你，恐怕會受其他人責難，再說，這裡已經沒有足夠的暖氣房間給你使用了。」

吉拉德嚴肅地回應：「哈雷先生，您不僱用我將是你的損失，至於其他問題您一點也不必擔心，因為我不會去搶其他推銷員的生意，也不需要什麼暖氣房，只要給我一張桌子和一支電話就夠了。只要您肯僱用我，我保證，兩個月內我將刷新您最佳推銷員的紀錄！」

哈雷先生看著充滿自信的吉拉德，終於點頭答應，也真的只給吉拉德一張滿是灰塵的桌子和電話，工作地點就在樓上的一個角落裡。

就這樣，吉拉德開始了他的汽車推銷生涯，他給哈雷先生的

承諾，更是不到兩個月的時間內圓滿達成。

因為妻子的相信與承諾，我們看見吉拉德發揮潛能，我們也明白了，自信與機會的因果關係。

失敗的時候，你是否也像吉拉德的妻子一般，總是這麼告訴自己：「如今只是回到當初的原點，接下來我們也無須想太多，當初怎麼開始的，今天我們再重新來過，只要我們相信自己，就一定能再把成功找回來！」

人生真的有很多可能，也許我們會不斷地回到原點，不斷地重新開始。雖然失敗的經驗很痛苦，面對挫折的滋味也並不好受，但只要我們對自己充滿信心，就一定能看見生活中的每個機會。

只要我們能堅強走過，最後一定能找回屬於自己的未來。

法國文豪羅曼羅蘭曾經勉勵身陷困境的人：「只有把抱怨環境的心情，化作奮發向上的力量，才是成功的保障。」

樂觀可以讓精神充滿朝氣，對未來充滿希望，不論置身如何不堪的惡劣環境，不論景氣如何，都必須樂觀以對，才能獲得更多改變現況的機會。

壯志與熱情是夢想的羽翼，自信與堅韌是成功的階梯，只有對生命抱持著積極樂觀態度的人，才能穿越荊棘遍佈的人生道路，渡過眼前的難關，開創璀璨的未來。

1 能反省過去，才能面對未來

PART

生活就是如此，沒有深刻的自省，就無法
修正自己的錯誤，錯誤無法修正，又如何
能重新展開自己的精采人生呢？

2 努力往前看，未來就在前方

PART

只要我們懂得珍惜殘缺人生中難得的擁有，那
麼不管我們歷經多少不幸，我們都能感受辛苦
中的甘甜滋味。

3

PART

奮力向前跑，就有機會奪標

成功與失敗的分野就在於願不願意加倍付出，別害怕輸在起跑點，只要沒有人抵達終點，我們就還有機會奪標。

4

PART

勇於面對，才能解開心結

生活中沒有解決不了的問題，人與人之間也沒有必須的敵意與敵對，特別是面對自己身邊的人。

5

PART

認真生活，就不會老是退縮

應該知道自己在做什麼，無論我們付出多少，只要每次付出都是用生命去體驗，就應當好好珍惜。

6

凡事全力以赴，好運自然眷顧

PART

想要有出頭的機會，光是能力強是不夠的，也必須要有表現的機會，不排斥做分外工作，或許就能在無形中替自己創造好運。

7

PART

大方表達心中的想法

我們永遠也無法預料到即將遇到什麼，因此我們隨時都要把握機會表現自己，全力展現自己的創意。

8

PART

運用智慧，活用眼前的機會

大多數人不知道自己到底想要些什麼，即使立即滿足了需求，最後還是會因缺乏宏觀的視野，讓生活不斷地出現紕漏。

9 活得積極，人生就精采可期

PART

命運從不捉弄人，那些挫折與困苦其實是必然
的磨練，只要一步接著一步地用心走過，成功
的奇蹟一定會降臨在我們的身上。

10 勇氣是成就未來的最佳利器

PART

沒有試過，我們永遠也不知道，前面看似搖搖欲墜
的吊橋，原來沒有想像中那麼危險，更是我們踏入
成功的最佳捷徑。

11
PART

連死神也怕咬緊牙關的人

能夠咬緊牙關走過艱難的人，在他們身上都有一股十分驚人的支持力量，那是擊敗厄運之神的重要武器。

1.
能反省過去，才能面對未來

生活就是如此，沒有深刻的自省，

就無法修正自己的錯誤，

錯誤無法修正，

又如何能重新展開自己的精采人生呢？

樂觀看待眼前的磨難

每一次的磨難，都訓練我們變得更堅強勇敢，每一次都逼我們回頭重新定義自己，每一次都是極珍貴的體會。

有句西洋諺語說得好：「有安全才有幸福，但是快樂就像花朵一樣，有時也會在絕望的懸崖綻放。」

每個人遭遇到的磨難，心靈受到的衝擊，是旁人無法完全領會知曉的。

陷入谷底的人，想要再爬上山巔，沿途經歷過的點滴感觸當然也是與眾不同；但是，當他們再次爬上山巔，再次擁有自我肯定的力量時，心境的視野一定加倍寬闊。

有個女孩患了眼疾，眼睛不時隱隱作痛，像是許多螞蟻在裡頭啃食那般的疼，每每痛到極點時，女孩就會故意拿其他東西打自己的腳，好分散注意力，如此才能熬過。

女孩的朋友問她：「妳看過醫生，醫生怎麼說？可以治得好嗎？」

「醫生說我太慢去治療，已經來不及了，只能滴止痛止癢的藥水，但是太常滴的話，可能的副作用就是再也看不到了。」

「哎，如果我是妳，就把那眼珠子給挖了，免得經常痛得天

翻地覆。妳爲何不乾脆把眼睛都挖掉呢？」朋友建議。

　　眞是蠢得可以的建議，女孩回答：「現在還有眼睛，我還看得見；如果把它們挖掉，就再也看不見了。」

　　「妳遲早有一天會看不見的，何必多受苦呢？」朋友問道。

　　「如果眞的有那一天，那我也得趁我還能看的時候，多看一點、多看一眼。」女孩認眞的說。

　　試著珍惜每一次的磨難，那麼，每一次都將訓練我們變得更堅強勇敢，每一次都逼我們回頭重新定義自己，每一次都是極珍貴的體會。

　　失去讓人更珍惜所擁有的。樂觀的人看到玫瑰，悲觀的人看到刺。把握花開的當下，欣賞花的美麗與香氣，也極盡努力讓自己如花般綻放。

　　李白〈將進酒〉中有兩句「人生得意需盡歡，莫使金樽空對月」，提醒我們能愉快生活的時候，就要盡情享受生命；一味只把視線停駐在刺上，感到悲傷或忿忿不平，時間就這麼流逝了，青春溜走了。把心禁錮在茫然或悲憤的情緒裡頭，多可惜啊！

能反省過去，才能面對未來

 生活就是如此，沒有深刻的自省，就無法
修正自己的錯誤，錯誤無法修正，又如何
能重新展開自己的精采人生呢？

面對已經過去的昨日，你會用多少時間來評斷審視自己？面
對曾經犯下的錯誤，你又會用多少時間來反省自己？當你認真反
省過後，又會用多少時間來糾正自己？

握緊雙拳而來的我們，最終都將攤開雙手而去，過去和未來
的關係該怎麼連接，或者就在「緊握雙拳」時懂得「攤開雙手」
中找到串連。

不久之前，有件事深深地啓發了凱斯。

那天早上，因病長住醫院的凱斯，正準備到對面大樓接受幾
項檢查。坐在輪椅上的凱斯，在護士的推移中慢慢地穿過了醫院
的迴廊，接著則穿過了一個小院子。

許久沒有走出病房的凱斯，一出病房便感受到迎面而來的光
照，忍不住嘆道：「哇，好溫暖喔！」

護士笑著對他說：「嗯，太陽很美！」

凱斯抬頭看著天空，陽光此刻正溫暖地關照著他整個身子和
一顆冰凍許久的心。他伸手托著灑落的光線，心想：「這陽光多

麼美麗，太陽的光輝實在媚人啊！不知道有多少人和我一般，正快樂地享受這和煦的陽光？」

　　凱斯想到這裡，忍不住看了看四周的人們。但是，他始終只看見來去匆匆的人影：「唉，真可惜，怎麼沒有人欣賞這個燦爛金光呢？」

　　忽然間，他想起了過去的自己：「我過去不也是這樣嗎？每天讓自己困在日常事物中，對於大自然的一切良辰美景，我不也無動於衷嗎？」

　　一番自省後頓悟，凱斯為自己重建了一個新的人生觀：「要好好地把握住美麗生命中的每一刻！」

　　看著凱斯從陽光中看清昨日的自己，我們似乎也看見自己的昨日之非。

　　每個人都有昨日，只是，有人選擇遺忘昨天，用以關閉明天必須面對的現實，當然也有人像凱斯一般，勇敢打開、面對昨天門扉裡的一切，也虛心、坦然地接受明天的指正，這是為了讓今天的陽光繼續照耀自己的未來。

　　生活就是如此，沒有深刻的自省，就無法修正自己的錯誤，錯誤無法修正，又如何能重新展開自己的精采人生呢？

面對不合理絕不輕易讓步

我們退讓一步，如果已經讓對方達成前進
的目標時，接下來我們就應該要讓對方知
道，有也有自己要堅持固守的底線了。

面對不合理的要求，就別再繼續退讓，聰明的人知道什麼時
候退，什麼時候要有所堅持。

因為他們知道，其中將關照到的人並不是只有自己，還包含
維護團隊的整體利益，與其中既定的秩序與法理。

新力公司成立十五周年之時，公司方面決定舉辦一場盛大的
紀念會來宣揚新力公司的理念。

但是，有部分員工卻想利用這次紀念會舉行罷工活動，趁著
各方關注的情況，向公司要求提高福利等訴求。

公司主管人員聽說了這件事後，立即展開協商與對談，大多
數員工都很為公司著想，與主管們溝通之後，都同意當天不會出
現鬧場，不過仍然有少部份員工不願退讓。

強硬的盛田昭夫與工會進行了多次談判，最終都毫無結果，
於是公司宣傳部門決定重新規劃宴會場所，他們希望能更改地方，
避免發生意外。

慶祝日越來越近，工頭們也越來越神氣，抱持著「不求和」

的態度，只期待公司「完全退讓」。

紀念會的這天早上，罷工人群正包圍了公司的辦公室大樓，街上也有許多零散的抗議聲，甚至有人還高舉著斥罵新力公司和池田首相的標語。

所幸，盛田昭夫早已做好準備，將預定地變更後，還分批以電話通知將近三百位的嘉賓新的宴會地點，至於公司門口的抗議員工們，則交由內部其他支持員工去進行溝通與勸說。

不久，罷工人群發現貴賓們一直都沒有出現，原先還以為公司已取消了此次活動，後來才知道，原來是地點改了。

宴會最後順利落幕，而抗議員工們在發現自己出盡洋相後，很快地便散會了。

紀念會圓滿結束，池田首相等也平安地出席了這場盛會，首相在致詞時說：「新力公司這次的處理方式十分用心，他們在處理極端份子的態度上很值得大家學習。」

從此，公司由上而下相處得十分融洽，因為他們知道：「無論是上級主管或是基層員工，都是公司內最重要的人物！」

在業主與勞工之間，到底要怎麼才能取得權益的平衡，這確實有賴雙方好好溝通協調，只是在進行協商之前，無論扮演勞資的哪一個角色，都應該要為對方「多想一想」。

我們從故事中新力公司主管及員工間的對立，仔細思考其中的問題所在，相信任何人也無法做出最正確且合理的批評，畢竟勞工與業主確實各有各的考量和立場。

其實，何時要退讓，什麼時候要堅持，決定的標準很簡單，我們只需要從「大多數人的利益」考量即可。

　　我們退讓一步，如果已經讓對方達成前進的目標時，接下來就應該要讓對方知道，自己也有要堅持固守的底線了。

　　只是當有一方願意退讓後，另一方其實也該有所節制，而不該抱持「乘勝追擊」的態度。因為，在團體中的合作關係，應當是「互助」與「體貼」，無論世界多麼功利化或個人化，我們始終都離不開「群體關係」。

成功只有途徑，沒有捷徑

「肯付出，不怕辛苦！」這幾乎是所有成功者踏出第一步後的重要寫照，因為他們堅持相信：「有付出就一定會有收穫！」

心理勵志作家史塔克曾說：「所有現在加諸在我們身上的痛苦磨練，其實都是在培養我們面對未來困境時所需要的抗壓力。」

不少成功人士都證明，只要擁有改變現狀的決心和勇氣，眼前所謂的「逆境」，其實只是進入順境的一個入口。

當然，在許許多多的成功個案中，無論過程解釋得多麼仔細深入，我們始終都無法完全體會，一切得靠我們親自去驗會。

白手興家的美國鋼鐵大王安德魯・卡內基，是世界公認的成功人士，而他的成功則是從小打好的基礎。

為了分擔家計，卡內基十歲時便進到一間紡織廠當童工，雖然工作一週只有一美元二角的報酬，但是卡內基從來不埋怨，反而更加積極地找尋其他的賺錢機會。

不久之後，他找到了看管燒鍋爐與油槽浸紗管的工作，雖然油池的氣味令人作嘔，雖然待在炙熱鍋爐旁邊十分難受，但是卡內基始終都緊咬著牙，告訴自己要堅持下去。

卡內基還知道，除了努力地賺錢外，更要積極充實自己，他

對自己說：「我不能潦倒一生，我要積極奮發，努力學習！」

於是，他白天工作，傍晚則進夜校讀書，慢慢地從一般會計演算進階到專業會計課程，這些都是他後來成就鋼鐵王國的基礎。

一天，卡內基下課後，父親對他說：「孩子，匹茲堡市的大衛電報公司，正缺一個送電報的小差，你有興趣嗎？」

卡內基一聽，連忙道：「好，這是個機會！」

第二天早上，卡內基穿上全新的衣飾，與父親一同前往大衛電報公司。

來到公司門口，卡內基忽然對父親說：「爸爸，我想一個人單獨進去，您先在這裡等我吧！」

父親明白地點了點頭，接著說：「加油！」

於是，卡內基獨自一人走到二樓的面試官前。大衛先生仔細地打量了這個蘇格蘭少年，問道：「匹茲堡市區的大小街道你熟悉嗎？」

卡內基語氣堅定地回答：「不熟，但是，我保證會在一個星期內將每一個彎道都記住，並把匹茲堡內所有街道名記熟！還有……」卡內基接著又補充道：「雖然我的個子很小，但是我跑步的速度很快，絕對不會耽誤送報的時間，這點請您放心！」

大衛先生聽見卡內基自信滿滿地保證著，滿意地笑著說：「好，周薪二塊半美元，而且要從現在開始工作喔！如何？」

卡內基一聽，連忙點了點頭！

就這樣，卡內基邁出了人生的第一步，當時他只有十四歲，短短不到一個星期內，身著綠色制服的卡內基實現了面試時許下的諾言。

兩個星期後，他連郊區的路徑也瞭若指掌，個兒小卻勤快的他，很快地便得到全公司的肯定與認同。

一個月後，卡內基被單獨留下。當他跨進總經理辦公室時，大衛總經理拍了拍他的肩膀說：「小伙子，你比其他人更加努力、勤勉，所以從這個月開始單獨為你加薪，以後每周改為十三塊半美元。」

一年後他更坐上了管理階層的位子。

從學習打電報到熟悉發送電報，日積月累下來，卡內基就像在一所商業學校裡學習專業商務，在滴答滴答的打電報聲中，慢慢地累積了未來事業的地基。在這段難得的工作環境中，卡內基說：「我人生階梯上的第一步，正是從當時開始！」

有位企業主曾說：「成功有途徑，但沒有捷徑。」

所以，我們看見卡內基在故事中「一步一腳印」的努力過程，也聽見他認真踩踏在人生階梯上的步伐聲，其中點滴付出的努力，似乎無法用一句話「成功沒有捷徑」解釋得完。

相同的，希望獲得成就的我們，始終得靠我們自己去實踐與體驗。

「肯付出，不怕辛苦！」這幾乎是所有成功人士踏出第一步後的重要寫照，就像故事中的卡內基一般，他們不怕付出，因為他們堅持相信：「有付出就一定會有收穫！」

要把每一件事都做到最好

堅持最好是所有成功者的追求目標，因為他們會把每一次都視為最後一次，並一次又一次的堅持下去。

成功人士的人生態度是：「面對挑戰，全力以赴！」

能夠以堅定的信心朝著自己的夢想前進，也能夠不辭辛苦全力以赴的人，必定能完成自己的理想，甚至還會收到意想不到的成功果實。

卡特總統是個十分勤於反躬自省的人，不僅樂於面對自己的缺點，而且經常積極修正自己的缺點。

勤奮且自律的卡特，相當堅持這樣的理論：「一個人只要有積極思考的力量，他的成就便無可限量。」

他的朋友們都一致認為：「他是個最守紀律的人！」

總統的助手漢密爾頓‧喬丹也肯定地說：「卡特總統的性格是，無論做什麼事都要全力以赴。」

對那些未盡最大努力的人，卡特經常在對方的面前直接表現出無法容忍他們犯下缺失的態度。

任職州長時，卡特與一位專辦亞洲事物的專員約好要同機洽公，許多人在那天也見識到卡特的嚴謹。

　　那天上午七點整，卡特早已坐在機艙內等候了，而那位專員此刻才匆匆忙忙地從航空站的跑道上奔跑過來。

　　由於起飛時間已經到了，雖然這是公務機且機身正好在跑道上滑行著，而大家也看見了那個專員，正氣喘吁吁地朝著飛機的方向奔來，但是，卡特仍然厲聲命令駕駛員：「準時起飛！他不能準時登機，是他自己的責任問題。」

　　擔任州長時，卡特便具有著超人的決心，後來他決定要參選總統時，便著手寫下了他的第一本自傳，書名為《為什麼不是最好的》。

　　入主白宮之後，卡特總統仍然繼續對他自己與國家，提出許多高標準的要求，他在就職演說中說：「我們都知道，『多一點』未必是『好一點』，即使我們身處這個偉大的國家中，仍然有無可避免的侷限，所以，我們既不能回答所有的問題，也不能解決所有的問題。但是，只要我們能以大多數人的利益為宗旨，以犧牲個人利益去謀取大多數人利益為指標，那麼，我們就一定能把每件事都做到最好。」

　　這種嚴謹的治國態度是卡特成功的基礎。

　　美國樂評家貝瑞特說：「即使遇見一萬次的失敗，我仍然會盡全力堅持下去，因為成功的肯定只要一次就夠了。」

　　盡力與積極是每一位成功者的共同元素，堅持最好是所有成功者的追求目標，因為他們會把每一次都視為最後一次，並一次又一次的堅持下去。

　　堅持著「要把每件事都做到最好」的卡特也是如此，所以我們會看見卡特的嚴謹生活，更看見他的非凡成就。

　　看完故事後，重新審視自己的生活態度，是否有許多事是在「這樣就好」或「明天再說」的態度中擱置呢？

　　試想，在這樣模稜兩可且消極懶散的態度下，怎麼可能抵達成功的彼岸呢？

　　文中的卡特不是這樣告訴我們：「只要我們能盡力做到最好，那麼我們自然能發揮無限潛能，並且自然而然地擁有無可限量的未來。」

信守諾言是個人價值的最好投資

 一個信守諾言的人才會得到他人的信賴與尊敬；謹言慎行，避免失信於人是人生應有的價值觀。

日本知名的電影導演黑澤明曾經這麼說：「兌現自己的承諾，有時候雖然事件很痛很苦，但是它的果實卻很甜很美。」

信用是人類社會最重要的通行證，只要你願意盡自己所能兌現承諾，你就是個有信用的人，也是一個值得投資的人。

「信守承諾」不僅是做人處事最簡單的觀念，也是我們日常生活中必須建立的基本態度。或許，實踐承諾後會有一些犧牲，但是無論過程中犧牲了多少，最終我們都會得到一定的回報。

路克是美國猶他州土爾市的一位小學校長，在他四十二歲那年曾為「一個諾言」，在雪地上爬行了將近二公里的路程去上班。那天是他第一次遲到，因為他爬行了將近三個小時後才到達學校。

關於「一個諾言」故事的緣起，起因於學期初，為了激勵全校師生們的閱讀熱情，路克校長向全校師生說：「只要你們能在十一月九日前，讀完約十五萬頁的書，那麼我會在九號那天用爬的方式來到學校。」

從校長宣示那天開始，全體師生真的開始展開閱讀活動，連

附設的幼稚班小朋友們也加入了。

在全體師生通力合作下,他們真的在十一月九日前讀完了超過十五萬頁的書籍。當使命達成的那天,便有學生打電話到校長室問路克:「校長,您說的話還算不算數呢?」

後來,也有人勸他說:「校長,您已經達到了激勵學生的目的了,不用真的去爬了,那太辛苦了。」

但路克校長卻堅定地說:「不行,我已經說出口了,就一定得做到。」

一九九八年十一月九日,路克一如往常地在七點左右走出家門,只是接下來的動作與昨天不同。只見路克校長在家門口跪了下來,接著四肢著地,開始「爬行」。

經過愛車的身邊後,他考慮到交通與安全問題,於是便朝著路邊的草地上爬去。

「叭!」他身邊忽然傳來喇叭聲,原來是來往的車輛發現了校長,紛紛鳴笛鼓勵。

不久,竟然有學生也加入了校長的爬行行列,甚至還有新聞台SNG連線,報導這位校長兌現「諾言」的經過。

經過了三個小時的爬行,路克校長一共磨破了五副手套和一套護膝,但無論如何他實踐了諾言,師生們也更加敬愛他們的大家長──路克校長。

當路克校長抵達校門口的那一刻,全校師生不僅夾道歡迎,還有家長也趕來歡呼。

當路克從地上站立起來的時候,孩子們忽然蜂擁而上,每個人都將他視為英雄人物,個個都想擁抱、親吻他。

　　實踐自己許下的承諾，無疑是一項重大的考驗，唯有選擇通過這些考驗，才能成為受人敬重的人。

　　我們不必成為人人羨慕的名人，只要努力成為一個受人敬重的小人物即可。就像故事中的校長，他用「信守諾言」來增值個人價值，也用「堅守承諾」的具體實踐來教育他的學生們。

　　看著校長的爬行，相信沒有人不受感動，我們也從他信守承諾的行動中，看見他人生價值的無限提升。

　　從中，我們了解信守承諾的重要性，對於言語謹慎的重要性也有了更進一步的認知。

　　知道了「避免失言」也等於減少「失信於人」的機會，那麼當我們下一次準備開口說「我答應」前，別忘了確實評估自己實踐的勇氣與能力。

腳踏實地就不會不切實際

最不平凡的人，是甘於平凡。人生的精采
不在於實現夢想，而在於永遠有夢；生活
的空間有限，腦袋裡卻是個浩瀚世界。

「萬事起頭難」，事情或許沒有想像中簡單，但是，其實也
沒有想像中那麼困難。

我們往往被現實環境羈絆，提不起，也放不下，動不動就說
夢想太奢侈，不如「以後再說」，只是，天知道，人生有多少個
「以後」？

小王畢生的理想是想要擁有一家屬於自己的餐廳，餐廳的屋
頂漆成藍色，開在街口的轉角處，裡頭提供著各式美味的佳餚，
給進來的客人一種世外桃源的驚喜。

打從一出社會，小王便懷著這個志向，為了實現夢想而拚命
賺錢；他成為一個推銷員，每天周旋在新知舊雨之間。

在他的努力下，短短幾年，他就存到生平第一個一百萬。有
了點資金本來可以做自己真正想做的事了，可是，他卻在這個時
候結婚，太太十分渴望擁有一間自己的房子，將來生活養老也有
一份保障。

因此，小王將這一百萬用作房子的頭期款，為了每個月的房

貸壓力，小王別無選擇，只好繼續從事推銷員的工作。

又過了幾年，家裡的負擔比較輕鬆了，太太卻懷了他們的第一個孩子。

這一份天上掉下來的禮物，是小王甜蜜又沉重的負荷，他知道自己是太太、孩子唯一的依靠，行事必須更加謹慎，眼前最重要的是照顧好家庭，開餐廳的事以後再說也不遲。

等到孩子大了一點，小王的事業也有顯著成長，應付家裡的開銷綽綽有餘，還有一筆為數不小的保險金支付孩子將來的教育費用。辛苦了大半輩子，好不容易從一個小小的推銷員爬到業務經理的位置，還有必要去開餐廳嗎？

這個夢想似乎太不切實際了，做生意有人賺有人賠，萬一賠了怎麼辦？何必拚老命拿自己的老本去搏？現在的小王寧可安分的領公司每個月固定的薪水，過著安穩的日子。

現在的小王，是個生活一成不變的中年人，眼神黯淡無光，身體不好，生活也漫無目標。

除了上班下班、去醫院檢查身體之外，他再也沒有別的事可做，也沒有別的事可想；那個藍屋頂的餐廳已經隨著年輕的歲月遠去，而生命也可能就這樣過去了。

追逐夢想需要冒風險，只有年輕時才摔得起；年輕的好處，是你有做錯的權利，因為你還有重新來過的機會。

當你老了，你會實事求是，利弊得失一定得盤算清楚；當你老了，你會相信「平安是福」，不願意再做「無謂的打拚」。

年少時，你覺得小王那樣的中年人是故步自封，不求長進；年老了，你才會發現，重要的不是夢想，而是生活。

　　你可以不做自己喜歡的事，但是你不能不過日子。像小王那樣的人生，腳踏實地，風平浪靜，又何嘗不是一種幸福？

　　至於開餐廳的夢其實還是可以保留在心裡，誰敢保證日後一定沒有奇蹟或轉機？

　　最不平凡的人，往往甘於平凡。

　　人生的精采不在於實現夢想，而在於永遠有夢；生活的空間有限，腦袋裡卻是個浩瀚世界。

給對方一個將功贖罪的機會

 在非常時候，給對方再一次機會，不是非婦人之仁的表現，而是另一種糾正錯誤的輔助方法。

　　沒有人會是完人，對於那些能真心面對錯誤，決定痛改前非的人，我們何妨再給他一次機會？因為，他們未來的發展與改進的空間，經常超過我們想像，甚至也超越他們自己預料。

　　宋太祖建國初期，有個軍校向朝廷誣告巡使郭進未按軍法治理西山，還造謠郭進亂施淫威，令小老百姓痛苦不堪。

　　宋太祖看完奏章，立即派人將前因後果了解一番，最後發現這個軍校竟是誣告，於是宋太祖下令：「將這個軍校交給郭進，由他親自處決這個擾亂軍心的叛徒。」

　　然而，正值北漢軍隊大舉入侵的危險時刻，郭進實在不想在這個非常時候審理此案，忽然，他想到了折衷的方法。

　　郭進對著這個軍校說：「你竟然敢向朝廷捏造我的是非，膽子實在不小啊！不過，我今天饒你不死，只要你能打敗眼前的北漢敵軍，我不僅會保住你的性命，更會向朝廷薦舉你升官。」

　　這個方法果然奏效，軍校一聽，連忙跪拜謝恩，隨即趕赴前線，奮勇殺敵，郭進不僅換得一名勇士，此役更因此大捷歸來。

　　郭進也信守承諾，當勝利消息傳回兵營時，便立即寫好奏摺上奏朝廷，請求太祖能賞賜給這個軍校一官半職。但是，宋太祖看完奏摺時卻說：「什麼？他陷害忠良大臣，竟想憑這點功勞贖罪？」於是，又把軍校送回郭進面前，要讓郭進自行處決。

　　郭進看見軍校被遣送回來，得知宋太祖拒絕賜官，決定親自上朝，請求皇上答應。他對宋太祖說：「皇上，如果您使我失信於人，這恐怕會讓微臣再也找不到可用之才啊！」

　　太祖聽見郭進這麼解釋後，只得答應郭進的要求。

　　識才也惜才的郭進，深知給予懲罰，不如給人一個將功贖罪的機會，因為那不僅能夠擄獲人心，更是維持社會秩序與正義的最佳方法。

　　在非常時候，給對方再一次機會，不是非婦人之仁的表現，而是另一種糾正錯誤的輔助方法，當郭進退讓一步留給對方多一步的改進空間時，我們確實也看見了軍校努力彌補的力道。

　　人非聖賢，孰能無過？當我們犯錯時，不也希望得到別人的原諒與再一次努力的機會嗎？那麼，換個角度想，當別人犯錯的時候，我們是否也願意再給對方一次機會將功補過呢？

　　沒有人希望從此一蹶不振，也沒有人能接受人們的一再否定，我們都需要被肯定與鼓勵，也更渴望從錯誤中重新站起，這是身為人的共同特徵，也是每一個生命的內在精神。

　　因此，我們要像郭進一樣，堅定地相信：「再給他再一次的機會，也等於給自己一次機會，因為當我們願意施恩於人時，我們一定會接到他們感恩圖報的回應。」

誠實與勇氣是相輔相成的

誠實與勇氣是相輔相成的關係，勇氣則與
責任感互為表裡，而每一位成功者的特質
則結合了誠實、勇氣與負責。

想要到人們的信任與支持，我們便要誠實待人；希望得到人
們的倚重與青睞，處事便要有勇有謀。

只要凡事皆能秉持誠實且勇於承擔的原則，即使發生誤失、
犯錯，我們也一定能得到人們的諒解與幫助，讓錯誤的缺口迅速
地獲得彌補。

七歲那年，志氣高昂的華盛頓便立定志向：「我要當個勇敢
的軍人。」

這天，小華盛頓為了做一把木槍，手上拿著一把鋒利的斧頭，
朝著後的方向走去。他在後院的樹叢間走來走去，嘴裡還不斷地
叨唸著：「這棵樹太大了……嗯，這樹又太小了。」

忽然，他發現前方的空地上，有一棵青翠挺拔的小樹，高度
正好合乎他的希望，而樹身也足夠他做一把木槍。他看了看四周，
心想：「爸爸現在一定正在農場上忙碌，還是不要麻煩爸爸了，
等我把木槍製作完成後，爸爸一定會誇獎我的！」

於是，小華盛頓一個人獨自砍倒了小樹，只見他先將枝葉等

先去除後，便將樹幹留在一旁，準備明天再來完成最後的製作。

然而，他回到屋裡後不久，卻聽見父親從後院大聲怒吼著：「是誰把我最心愛的小櫻桃樹給砍了？」

小華盛頓從樓上看見爸爸正在後院發怒著，這才想起了一件事：「糟糕，那是爸爸為了紀念我出生所種的櫻桃樹啊！我怎麼忘了呢？怎麼辦？」

小華盛頓想了想，接著便叮叮咚咚地跑下樓，並直奔父親的面前，因為他想起了哥哥在入伍後，父親對他說的一句話：「是的，要成為勇敢的軍人，就要懂得『誠實』，因為唯有誠實才能獲得人們的信任，也才能讓士兵們團結一心，奮勇克敵。」

這會，小華盛頓已經來到了父親的面前，他看著父親漲紅的臉龐，手裡的皮鞭還不斷地發出聲音，空氣中瀰漫著相當緊張的氣氛。

小華盛頓嚥了一口氣，接著便勇敢地對父親說：「爸爸，是我砍的！」

父親一聽，立即高高地舉起了鞭子，但是他並沒有讓鞭子立即落在孩子的身上，而是再次大聲地斥喝著：「你闖了禍，是不是應該接受處罰？」

只見小華盛頓抬起了頭，用力地點了點頭說：「是的，爸爸，我要當一個勇敢的軍人，您不是說過，想當一個勇敢的軍人就要知道『誠實』的重要性？我知道自己做錯事了，請您處罰我吧！」

沒想到華盛頓的父親，聽見兒子這麼說，反而放下了鞭子，開心地抱起了兒子，說道：「孩子，爸爸以你為榮！你這麼勇敢、誠實，爸爸這一次就原諒你了，我很高興你能這麼做，承認錯誤真的是英雄行為，而且它比一千棵櫻桃樹還珍貴。」

　　誠實與勇氣是相輔相成的關係，勇氣則與責任感互為表裡，而每一位成功者的特質則結合了誠實、勇氣與負責。

　　當華盛頓的父親鼓勵兒子「承認錯誤是英雄的行為」之時，我們也預見了小華盛頓的心，正在父親的引導下，勇氣十足地朝著負責而且成功的未來人生邁進。

　　小小的故事中包含了父母教育子女的技巧與態度，當然也包含了主人翁天生性格裡的勇氣與擔當。正因為其中所蘊涵的寓意多元，所以幾乎全世界的人們，無論大人還是小孩，在面對生活中的種種，總是會想起這則故事，一則關於華盛頓砍倒櫻桃樹的誠實與勇氣。

2.

努力往前看，
　　未來就在前方

只要我們懂得珍惜殘缺人生中難得的擁有，

那麼不管我們歷經多少不幸，

我們都能感受辛苦中的甘甜滋味。

能否成功，決定權就在你手中

只要我們能給自己多一點耐力和毅力，辛苦地爬完了上坡路段之後，接下來自然能輕鬆自在地往成功的終點走去。

俄國文豪契訶夫曾經說過：「人的眼睛，在失敗的時候，方才睜了開來，看見成功的曙光。」

這句話告訴我們，成功經常會成為下一次失敗的原因，當然，任何失敗也都可能因為智慧和努力，而成為下次成功的開始。

生活上一定會遇見困難，那是因為每一個困難都是成功的助力，你是否也能如此看待，決定權就在你手中。

給自己多一點信心吧！紮實地累積自己的實力吧！

不論會遇到多少風雨，我們都一定能親手將雲霧撥開，讓希望的陽光再展笑容。

二十歲時，史東來到芝加哥，準備經營一家保險經紀公司，當聯合保險經紀公司的名字登記完畢之後，他立即聘僱近一千名的員工。

史東讓他們接受約一週的訓練，便分別將他們派往各州，並授予他們行銷經理的頭銜，他還將地方經營權，全都交由這些行銷經理掌管，由他們親自領導新進的行銷員，培訓自己所需要的

助理人才,至於芝加哥總部,也留下了幾名助理,以協助史東管理來自各分店的訊息與業務。

以為一切都在掌控之中的史東,卻沒料到接下來竟遇上了美國經濟大恐慌,原本積極前進的事業,一夕之間跌到了谷底,因為大家都沒有錢買保險,連最基本的意外險與健康險都保不起。

面對這突如其來的意外狀況,史東的事業面臨了極大的生存危機。決心不放棄的他,努力地想出了激勵自己的座右銘:「只要你願意用樂觀與決心面對這一切,一定能重新再站起來!」

不一會兒,他又寫下了另外一句:「銷售是否能成功,決定權在於推銷員,不是在於顧客。」

為了不讓自己的座右銘變成空洞無用的口號,他決定走出辦公室,親自到紐約城裡推銷。一個月後,史東將成績帶回總公司與其他人分享,所有員工無不佩服他的能力。在這麼蕭條的時期,他竟然能讓每天的成交量,達到鼎盛時期的成績。

原來,在二〇年代初期,保險業剛剛開始進入民眾的生活中,市場自然十分龐大,史東推銷得十分順利,所以在推銷員的工作心態與方式上,他並沒有特別注意或發現新的行銷技巧,直到危機出現時。

從那一刻開始,他才發現,原來工作態度與技巧才是行銷人員的首要,特別是在親自上場後,更能體會出問題所在。

從此,史東開始進行他的行銷講座時,第一課都是向業務人員詳細說明如何培養積極的工作態度,並找出最適當的行銷手法!

史東以將近二年的時間到各分部演講,並親自陪同業務人員去推銷,也　再地證明一點:「決定權就在我們的手中,不在顧客們的身上!」

在美國經濟的低點,史東積極突破困難與瓶頸,當美國經濟

復甦時，史東的事業同時也站上了高峰。

詩人白朗寧曾經寫道：「一時的成就，通常是以多年失敗為代價而取得的。」

的確，想要不經過艱難曲折和挫折失敗，就能功成名就的想法，往往只是癡人說夢的幻想。

你還是習慣等待別人的回應，然後才進行下一個步驟嗎？

「決定權就在你手中！」這是史東突破困難後的成功心得，更是每個人在面臨困難時，應當建立起來的正確態度。

面對未來生活上各種困境，我們都要給自己這樣堅定的信念，人生道路原本就會有彎曲之處，當然也一定會有平坦筆直的路段，只要我們能給自己多一點耐力和毅力，辛苦地爬完了上坡路段之後，接下來自然能輕鬆自在地往成功的終點走去。

我們可以試著想像一下，當困難被我們視為阻力時，慢慢地心中也開始感受到了恐懼，反之，當我們將困難視為難得的挑戰時，很快地我們渾身便充滿了積極的戰鬥力。將這兩種感受仔細比較之後，聰明的你應該知道要怎麼選擇了吧！

用意志力實現你的夢想

只要我們願意積極地督促夢想實踐，能給
自己無比的自信心，然後便能達到「心想
事成」的最終目標。

你是否也曾發現，當你將情感或思考集中在一個特定的目標
物時，你的生活周遭便會開始出現這類事物，當你正著迷於某一
種衣物顏色時，似乎滿街也開始出現了相同的色彩。

你知道那是什麼原因嗎？

因為你的意志力正開啟了你的夢想世界，一個可以由你決定
的未來世界。

這個周末，席勒來到邁爾希教堂演講，就在演講結束後，活
動承辦人卡倫‧托馬斯與他閒聊了一會兒。

兩個人聊著聊著，卡倫忽然提起了暢銷作家理查德‧巴赫，
因為他前些日子也來到這個小鎮，並開辦辦了一個研討會。

席勒聽見巴赫不久之前曾經造訪這裡，竟有點激動地說：「真
的嗎？我是他忠實的讀者啊！」

卡倫‧托馬斯笑著說：「真的嗎？我這裡有那場研討會的錄
音帶，你要不要聽聽看呢？」

席勒拿到錄音帶後，便立即拿到車裡播放，他一邊開著車，

一邊仔細聆聽巴赫的「激勵人生的方法」。

　　從音箱裡傳出了巴赫的聲音：「你們可以試著練習這個動作，先選擇一個物體，隨便什麼東西都可以，然後在你們的腦海裡牢牢記住這個物體的模樣，接著，你們便會發現，原來自己腦子裡想著什麼東西，然後你就會看見那個東西正慢慢地接近你！」

　　原來，這是巴赫提出的「心想事成法」，最終目的是要提醒自己：「我有創造理想、實現夢想的能力。」

　　席勒聽完了錄音帶後，心想：「以意志實現夢想，這是很平常的觀念，不過這個實驗方法我倒沒試過，不如現在來試一試。」

　　於是，席勒將車子開到路邊，先是閉上了雙眼，接著腦海裡開始想像一顆紅透的番茄，然後當他一張開眼，腦海裡滿是番茄後，他便不再理會它，繼續開車上高速公路。

　　為了避免刻意地想起番茄這個影像，席勒開啟了廣播來分散心思，不過，他仍偶爾會想起「番茄」這個果實。

　　沒想到，就在他前進了快一百公尺後，有輛卡車駛進了右車道，就在席勒開過這輛車的身邊時，忽然驚呼：「番茄！」

　　原來，這輛卡車的車體上畫了一顆又圓又大的番茄，看著這個大大的番茄，令席勒渾身起雞皮疙瘩：「沒想到真的奏效！但是，這會不會是運氣？我再試試別的看看。」

　　於是，席勒再次將車子停下，腦子裡用力地想像著「勞斯萊斯」的車形，因為在這個區域的勞斯萊斯並不普遍，大約一千輛只見得著一輛。

　　等席勒將車子的影像牢牢記住之後，便再次上路了。

　　沒想到，就在他往這條熟悉的道路上前進後不久，不止看見一輛勞斯萊斯，約半個小時內，他看見了兩輛！

　　這究竟是什麼樣的能量？是一種神秘的念力，還是普通的想像力量？

　　其實，這不是什麼神秘的力量，只是常存於我們身上的生命念力，只要我們願意積極地督促夢想實踐，給自己無比的自信心，然後便能完成巴赫的激勵人生法，進而達到「心想事成」的最終目標。

　　因為一個人的思考就像個磁鐵，回想一下，我們是否曾經「想」著某事或某人時，接著便很神奇地出現了這些人事物嗎？

　　其實，那不是什麼奇妙的巧合，而是很自然的「因為心念，所以事現」的感應，因為我們正在集中心思，思想著某人，所以那個人很奇妙地被牽引出現在你我的面前所致。

　　回到席勒「心想事成」的試驗，也延伸至我們夢想實現的經過，試想面對著夢想時，有多少人懷抱信心並堅持達成的呢？

　　每當我們踏出行動時，在你的腦海中出現的是失敗的淒涼結局多，還是聽見成功的歡呼聲多？

　　一個深具信心會實現的念力，代表了我們實現夢想的可能，故事中的席勒實驗再次地證明了一項原理：「你怎麼想，你的未來就怎麼走！」

努力地往前看，未來就在前方

只要我們懂得珍惜殘缺人生中難得的擁
有，那麼不管我們歷經多少不幸，我們都
能感受辛苦中的甘甜滋味。

不斷地回想過去，我們能改變多少已發生的事實呢？

反覆地抱怨昨天的是是非非，事情又有多大的扭轉空間？

生活只有不斷地往前進，沒有太多的後退空間，我們唯有面
對未來，努力地往前踏進，然後才能扭轉昨天鑄成的錯誤。

有兩個背景相似的亞洲孤兒，分別被歐洲人收養，在養父母
悉心照顧下，他們不僅接受了完善的教育機會，更有著安穩且幸
運的未來。

但是，無論上帝給予人們多少的機會，總是會有人感到不滿
足，就像這對幸運被收養的孤兒一般，如今他們都已來到中年，
一個是位四十出頭的成功商人，另一位則是在校園裡教書。

有一天，兩人和老朋友相約聚餐，在燭光下，他們很快地便
進入外國生活的話題，然而不久之後，那位老師卻又進入了記憶
裡的悲傷角落。

他回想著自己：「想起養父母當初帶我到遙遠的歐洲來，心
中的孤獨有多少人知道，我是個可憐的孤兒，這段過去讓我十分

痛苦。」

　　一開始時，每個人都表現出同情的臉龐，但是隨著他的怨氣越來越沉重，連同是孤兒的商人朋友也感到厭煩，於是忍不住揮了揮手說：「夠了，你說完了嗎？別一直說自己的不幸，你有沒有想過，如果當初養父母在上千位孩兒中挑中別人，今天的你會在哪裡？」

　　這位老師不以為然地說：「你知道什麼？我不開心的原因是在……」

　　接著，他又將過去不公平的待遇再次陳述了一次。

　　商人朋友聽完後，搖了搖頭說道：「我真不敢相信你到現在還這麼想，記得我二十五歲時，也像你一般，無法忍受周遭一切人事物，而且痛恨世界上的每一個人。總之，那時好像所有的人都故意要與我作對一般。在傷心且無奈的情緒下，我每天都極其沮喪地過日子，那時的我和現在的你一般，心中都充滿了怨懟與仇恨。」

　　「但是，那又如何？」商人輕輕地吸了口氣，接著又說：「幸好，我很快地找到了喘息的空間，我想勸你，別在那樣對待你自己了！認真地想一想，其實我們很幸運，至少你沒有像真正的孤兒那般悲慘一生，看看你自己，接受了那麼多的教育機會，也得到了那麼好的生活資源，這些擁有難道不足以讓你感到滿足與珍惜嗎？」

　　商人緩了緩自己的情緒後說：「我們現在有許多該做的事，首先是，不再自怨自艾，不再找藉口哭泣，而是要積極地幫助與我們遭遇相同的孤兒們，也能像我們一般，擁有自己的天空，也擁有幸福的明天。還有，只要你能擺脫顧影自憐的情緒，你便會發現自己有多麼幸運，然後你也會像我一般，獲得你想要的成功

結果。」

　　教師聽見商人朋友直斥自己之非，心頭確實一震，卻也因此震醒了他幾十年來的錯誤心態。

　　當友人打斷他悲慘的回憶同時，他也搬開了生活中的大石頭。

　　只見身爲教師的他，認眞地點了點頭，說：「嗯，我明白了！我確實該重新選擇明天要走的路。」

　　沒有人能擁有十全十美的生活，但是只要我們心中充滿了十全十美的「滿足感」，那麼我們便已經擁有最富裕的人生了。

　　讀著故事中兩個人的生命態度，我們也領悟出一件事：「生活的幸福感是自己給自己的。」

　　只要我們能像知足的商人一樣，懂得生命中無法完美的另一種美，也懂得珍惜殘缺人生中難得的擁有，那麼不管歷經多少不幸，都能感受辛苦中的甘甜滋味。

　　當商人認眞地糾正教師的心態，糾正他錯誤的埋怨情緒時，你是否也忍不住重新思考自己的人生態度呢？

　　過去的是非終究已經過去，今天如果已幸福地擁有一切，那麼我們只需記住眼前幸福，並珍惜擁有，就會像一位哲人所說的：「今天幸福，便足以代表從過去到未來，我們的一生都是幸福。」

把握當下，是修正錯誤的最佳方法

 生活上的缺口往往都只是個小缺口，但是
無法冷靜處理問題的人，經常在錯誤的解
決方法下，將小缺口拉扯得越來越大。

生活中的損失不一定就是完全失去，只要我們能從錯誤中立
即找出停損點，積極地為生活找到另一條出口，便能讓生活中的
缺口及時獲得填補。

喬治是哥本哈根大學的學生，今年計劃好獨自一人在美國旅
行，行程的第一站是到華盛頓的威勒飯店。

由於住宿費已經由代辦的旅行社支付，所以他只需要確認入
宿的房間號碼與退房時間即可。

喬治在就寢前前，再次確認放在上衣口袋上的芝加哥機票，
以及擺放在褲袋裡的護照和錢包。

然而，就在這個時候，喬治忽然驚呼：「我的護照和錢包不
見了！」

著急的喬治連忙下樓，向旅館的經理報備。經理聽見喬治的
陳述後，便安撫他說：「放心，我們會盡力尋找。」

喬治聽見經理的保證，便放心地回房睡覺了。

第二天早上，喬治連忙向經理詢問失物的下落，只見經理滿

臉抱歉地回答說：「不好意思，我們還未找到。」

身在異鄉的喬治，此刻有些手足無措，於是打電話向住在芝加哥的友人求救，但是他還無法決定，到底該要大使館報備遺失護照，還是就靜靜地坐在警察局裡等待消息？

轉念間，喬治忽然想到：「不行，我大老遠來到華盛頓州，時間相當寶貴，怎麼能呆在這些地方呢？今晚我便要到芝加哥去了，今天一天的時間我絕對不可以浪費，錢和護照的問題就留給警察們去幫忙，我現在應該要暢遊華盛頓才是，不然將來恐怕沒什麼機會了。」

於是，喬治向警察報告一下自己的計劃，很快地，他便開始進行徒步之旅。就這樣，喬治用他的雙腳，走遍了白宮和華盛頓紀念碑，也走過了這個城市裡的許多角落。

回到丹麥之後，每當朋友們問起他的美國行時，他總是回答：「這趟美國行最令人難忘的一段，正是我徒步行走華盛頓的那一天！總之，把握當下才是最重要的！」

回到丹麥第五天後，華盛頓警局終於將找到的錢包和護照寄還給他。

看完了故事，我們可以試著想像一下，如果換作是我們，最終可能會是什麼樣的結果？

相信有人一定會手足無措的，慌亂得忘了下一步該怎麼走。或是呆坐在警局中，平白地浪費了待在當地的每一分每一秒，甚至有人會更改行程，早早返鄉，草草地結束了這一趟旅程。

你是否也像上述的情況呢？還是像喬治一般，冷靜地重新規劃這趟突發狀況的旅程？

　　故事中，我們很清楚地看見了喬治積極的生活態度：「把握當下！」

　　其實，生活上的缺口往往都只是個小缺口，但是無法冷靜處理問題的人，經常在錯誤的解決方法下，將小缺口拉扯得越來越大。因為他們滿腦子只有「已發生的事」，而沒有「把握當下」的解決認知，所以，發生像喬治一樣的狀況時，總是徒留「最悲慘的記憶」，而不是「最難得的回憶」。

　　生活中，我們要面對許多突發狀況，不妨試著以「當下」為解決問題的關鍵字，那麼無論事情進展如何，不僅能依當下的情況修正步伐，也能像喬治一般，充分地表現出臨場的機智與解決問題的能力。

不怕失敗的人必定能成功

沒有辦不到的工作，因為再大的難題都有
一把解開的鑰匙。方法就在我們的腦海
中，只要我們對自己有信心。

　　生活中沒有真正的困難，只有自己搬來的阻礙，生活上也沒
有真正的失敗，只有自己因為擔心失敗而丟失了自信心。

　　目標能否達成，不在於遭遇的風雨阻礙多大，一切全憑我們
是否能面對艱難，相信自己能突破萬難。

　　有位名叫赫伯特的推銷員，曾成功地將一把斧頭推銷給小布
希總統，布魯金斯學會聽聞這則消息，也立即將一個刻有「偉大
推銷員」的金靴子頒給了他。因為這是自一九七五年以來，學會
中有位學員成功地把一部微型錄音機賣給尼克森之後，終於又有
學員成功地跨越這個門檻。

　　布魯金斯學會以培養世界上最傑出的推銷員聞名，該學會有
這麼一個傳統──他們會在每期學員畢業前，設計一道最能展現
推銷員實力的難題，好讓學生們有最完美的畢業成果。

　　柯林頓執政之時，他們曾出了這麼一道題目：「請你們把一
條三角褲推銷給現任總統。」

　　然而，這道題目實行了快八年，無數學員為此絞盡腦汁，最

後卻都無功而返，一直到柯林頓卸任後，布魯金斯學會才把題目更改成為：「請你們將一把斧頭推銷給小布希總統。」

由於前八年的失敗教訓，許多學員都知難而退，大多數的人都認為，這道畢業題目和柯林頓時期的題目一樣，最終都會一無所獲。唯獨赫伯特並不這麼認為，他做到了，而且沒有花多少時間精力在推銷上。

後來有位記者採訪他，他是這麼說的：「因為我認為，要把一把斧子推銷給小布希總統是有機會成功的。因為小布希總統在德克薩斯州有座農場，所以我立即寫了封信給總統，信中我告訴他：『總統先生您好，我很榮幸地曾參觀您的農場，但是我卻發現，農場中有許多木菊樹已經枯死。我想，您一定需要一把小斧頭，但是，我從您現在的體力來看，這樣的小斧頭顯然太輕了，我想，您還是需要一把不甚鋒利的老斧頭吧！正巧，我這裡有一把祖父留給我的斧頭，可以輕鬆地砍伐這些枯樹。如果您有興趣的話，可以與我連絡，謝謝！』最後，總統先生真的匯給我十五美元。」

赫伯特成功之後，布魯金斯學會在表揚他時說：「金靴獎已經設置了二十六年，這二十六年來，布魯金斯學會培養了數以萬計的推銷員，也塑造出數以百計的百萬富翁，但是這只金靴子之所以沒有授予他們的原因是，我們只想尋找這麼一個人，一個不會因為目標無法實現而放棄的人，更不會因難以完成而失去自信的人。」

你喜歡成功多一點，還是失敗多一些？你是個喜歡挑戰的人，還是每天祈禱麻煩少一點的人呢？

　　看著赫伯特的挑戰精神與解題技巧，我們也看見了一個成功者突破困難的鬥志與信心。身為推銷員的他，第一步便從「了解消費者的需求」著手，接著便深入「消費者的心理」，最後更以一把爺爺留下的老斧頭，打動總統對家鄉農場的掛念，成功地打入了消費者的心。

　　當大多數人都認為這是項難以完成的任務時，我們卻看見赫伯特克服的自信，也看見他運用行銷技巧，成功地完成這項艱難的任務。

　　當然，我們也從中得到了一份啟發：「沒有辦不到的工作，因為再大的難題都有一把解開的鑰匙。」

　　所以，遭遇困難或失敗的時候，要堅信自己一定能完成任務，方法就在我們的腦海中，只要我們對自己有信心。

心態調整好，才能充分發揮潛能

 重新調整自己的心態與腳步，先自我肯
定，然後我們才能得到別人的認同。重新
建立起自信，才充分發揮你的潛能。

你的生活音律變調了嗎？

你的人生音色總是低沉缺乏活力嗎？

那麼，快重調你的音弦，不要讓走調的音聲繼續折損你的內
在潛能，繼續破壞你的人生樂章。

今天有個拍賣商要主持一場二手物品的拍賣會，只見他拿起
一把看起來非常破舊的小提琴，接著還彈撥了幾下琴弦。

沒想到，琴音竟然全部走調，這讓原本就不被看好的琴身，
更加失去了販售的價值。

拍賣商拿起了這把又舊又髒的小提琴，接著便皺起了眉頭，
毫無精神地開始叫賣起來：「這把小提琴只要十美元，有沒有人
要啊？」

現場雖然人流穿梭，但是卻沒有一個人願意停下腳步。

於是，拍賣商人把價格降到了五塊美金，但始終沒有人願意
給點反應。最後，他繼續降價，且一路直降到到了五毛。

他大聲地呼喊道：「這把琴只要五毛，我知道它值不了多少

錢，但是你現在真的只需要花五毛就能把它拿走。」

就在這個時候，有位頭髮花白、留著長鬍子的老人家走了過來，問道：「能不能讓我看看這把琴啊？」

拍賣商點了點頭，立即將小提琴遞給了老人家。

老先生先是拿出了一條手絹，將琴身上的灰塵和髒污擦去，接著便慢慢地撥動著琴弦，然後又一絲不苟地將每一根弦調撥至正確的音聲，最後他把將這把破舊的小提琴擺放到下巴上，開始認真地演奏了起來。

沒想到這一演奏，竟將人群吸引了過來。不少人被這把琴流露出來的音色感動，忍不住驚呼：「這琴音真美，你聽這把小提琴多棒啊！」

拍賣商見狀，立即詢問現場人群：「有沒有人要買啊？」

這時，有人叫喊道：「有！一百元！」

另一個人則說：「我出二百元！」

最後，小提琴在老人家的演奏聲中，慢慢地增值至一千元時成交！

從五分美元一躍到一千美元，這中間的價差是因為老人家的完美演出，還是這把小提琴真有此價？

其實，這兩項都是促使小提琴增值的重要原因，懂得小提琴問題所在的老先生，知道音準與音質是別人評價它的標準，所以輕輕調整音弦之後，不僅讓小提琴原有的音絃品質再次回復，更在自己的演奏下，讓小提琴原有的美妙音質重現。

我們也從老先生調音的動作中，隱隱約約間領悟了另一份隱喻：「原來，生活中我們要改變的不是外在環境，而是修正並提

升你我的內在潛能。」

我們到底擁有多少潛能值得人們的提拔與肯定，其中決定價值的指標，並不在別人怎麼認為，而是我們要如何表現自己。

換句話說，如果我們也像拍賣商般，不懂得提升自家產品的內在品質，只知一味地降價求售，那麼，帶著否定自我的態度，我們恐怕很難得到別人肯定。如此一來，又怎能奢望別人給予我們表現的機會呢？

重新調整自己的心態與腳步，先自我肯定，然後我們才能得到別人的認同。重新建立起自信，先肯定自己，然後我們才能在難得的機會中，充分發揮自己的潛能。

成功的跳板就在我們身邊

只要我們的企圖心強，只要我們的膽識過人，只要我們的智慧充實，那麼，許多人事物都會是我們的成功跳板。

機會真的看不見嗎？還是你總是退縮，害怕前進呢？

其實，每個人都有許多機會。只是因為個人的膽識與能力不同，而讓原本均等分配在你我手中的機會，在悟性不足或探尋不力的情況下，發生老是等不到機會的窘況。

在二次大戰期間，德軍佔領的芬蘭北方，出現了一個神秘的游擊組織，那是由英國飛行員約翰尼領導的反抗組織，由於約翰尼的組織好幾次突擊成功，很快地便成為當地的英雄人物。

直到芬蘭解放後，盟軍開始尋找這位神秘的英雄人物，然而根據官方的調查顯示，約翰尼在德軍退守前便因病去世了。

最讓人難以置信的是，英國皇家空軍最後還發現，在他們的飛行員名單中，居然沒有約翰尼這個名字存在。但是，為什麼這個名叫約翰尼的人的事蹟卻如此普遍地流傳著呢？

後來，這個反納粹組織的游擊隊員也對外公開表示：「老實說，我們從未見過我們的領袖。」

「你們沒有見過約翰尼，怎麼知道他的指令與計劃呢？」

「一切行動，全由一位名叫安妮的小女孩傳達。」

後來，盟軍找到了安妮，也終於弄清了事情的眞相。

原來，安妮和弟弟一直很想參加當地的游擊隊，但因爲他們年紀太小，沒有人願意答應他們。

直到有一天晚上，他們在家門口發現了一位受重傷的英國皇家飛行員，很高興自己終於有機會參與這項抗戰任務。

儘管這兩個孩子盡心盡力地照顧這位飛行員，但他實在受傷太嚴重，最後還是因傷勢過重而去世了。

姐弟倆第一次面對死亡，十分傷心，然而就在這個時候，小弟弟竟天眞地說：「如果飛行員不死，他就能領導我們展開反抗運動了。」

安妮聽見弟弟的話，忽然心生一個念頭：「嗯，雖然他已經死了，但是我們仍可運用他的名義，展開抗戰行動。」

於是，姐弟倆將飛行員的遺物和證件收好，並積極策劃一個游擊小組，接著便對外聲稱，這個是由英國皇家飛行員所領導的組織：「爲了保護領導者的安全，將由我們姐弟倆執行訊息的傳遞。」

因爲有飛行員的證件，也因爲他們姐弟倆只是傳聲員，人們很快地便相信他們的話；原本缺乏援助的游擊隊，一聽見有英國的皇家飛行員挺身當他們的領導，一下子便凝聚了人氣，也增加了大家的信心。

一時間，士氣大振，游擊隊多次出擊都令德軍連連敗退，最後終於成功地讓德軍退出芬蘭。

後來，盟軍領袖問安妮說：「妳爲什麼不親自出面呢？」

安妮認眞地說：「不行啦！我們只是鄉村小孩，連加入戰鬥小兵都不被接受了，如果我們出面組織游擊隊，有誰會相信我，

願意跟我走呢？」

　　盟軍笑著說：「於是，你們就借用了『虛擬英雄』的力量來號召啊！」

　　安妮點了點頭，接著又不好意思地問：「這不算欺騙吧？」

　　積極救國的安妮，竟勇敢地借用英雄之名，不僅充分表現出她的膽識，更突顯出靈活的思維與積極的行動，將創造出一股無與倫比的巨大力量，而這也正是在混沌局勢中，擁有智慧與勇氣的人得以突圍而出的主因。

　　從安妮的成功經過中，我們也發現了一件事，仔細看看身邊的人事物，只要我們的企圖心強，只要我們的膽識過人，只要我們的智慧充實，那麼，許多人事物都會是我們的成功跳板。

　　生活的決定權在我們手中，事情能否迎刃而解，關鍵不在問題的難易程度，而是在我們是否有決心解決，又是否對自己的解決能力充分相信。

　　只要這兩項都是肯定的，無論我們遇上什麼困難，也都能像安妮一般，緊緊把握住每一個躍向成功的機會。

化繁為簡才能有效把握時間

我們隨時都能簡化生活的規章，及時去除不必要的繁瑣流程，才能抓住生活的重點，緊緊地掌握人生的每一分每一秒。

一天開始後，你是否有筆一成不變的生活流水帳要進行？如果漏掉了其中一個步驟，你會不會感到不安？

不要讓生活困在枯燥繁雜的流水帳中，因為過度繁瑣的生活規劃，會讓我們變得越來越害怕變動，或擔心突發狀況的發生；甚至還會讓我們的個性變得頑固、不知變通。

里查德・費曼是美國的物理學家，這天有位教師來找費曼，並邀請他到自己的學院演講，他們並表示會支付費曼五十元的演講費用。

費曼沒有多問細節，只問他：「你們學校是市立的吧！」

教師點點頭，說：「是！」

費曼一聽到是市立學校，便想起了過往的經驗，那是一個很不開心的合作經驗。因為公家機關層層的關卡，令他花費許多時間在各種文件上簽字，一想到這裡，他也想起了某次簽寫文件高達十二次，只是為了領取一份十塊美金的稿費。

於是，他對造訪者說：「我願意到貴校演講，不過我有一個

條件，只要超過第十二次以後的文件，我便不再簽字了，其中也包括支票在內！」

　　教師一聽，笑著說：「十二次？放心，絕對不會發生！」

　　於是，合作計劃開始進行，首先，費曼必須簽名保證效忠政府，否則他就不能在市立學院演講，而且光是這份保證文件他便得簽兩份。接著，他還必須簽某份給市政府的承諾書。總之，為了這場演講，他必須親自簽名的名目越來越多了。

　　就這樣，經過這一陣忙碌之後，剛才承諾不會超過十二次的老師，開始緊張了，因為費曼的簽名已經十二次了，最後還剩下一次簽名，那是為了領取支票的唯一一次簽名文件，但是費曼並未簽名，仍然開心地去演說。

　　幾天之後，那位老師送來了支票，但卻十分難為情，因為，費曼必須再簽一次名，以證明他確實有出席演講。

　　看來，費曼的簽名要超過十二次了。但是，費曼卻對他說：「對不起，我的簽名已經達到了第十二次，如果我必須在這個表格上簽字才能取得支票，那麼簽字便要突破十二次了。」

　　老師問：「您堅持不簽名嗎？那便無法領取支票了耶！」

　　費曼回答：「我知道，其實我們也早有約定，當初我們都認為不會超過十二次，但事實上還是超過了。而我拒絕簽下第十三次的名字，你我都已經同意了，所以我們都得遵守諾言，是吧？」

　　教師滿臉困擾地說：「對不起，事實上我努力過，那時我想盡辦法溝通，希望能找出減少簽名次數的方法，但是最後還是沒找著。如果你不願意在這表格上簽字，真的拿不到錢啊！」

　　費曼一派輕鬆地說：「沒關係啦！總之我只簽字十二次，況且我已經完成演講，你也不必為難，因為我不缺這筆錢。」

　　教師說：「可是……費曼先生，這樣會令人難以心安啊！」

只見費曼拍了拍老師的肩，說：「那是我們之間的協定，別想太多。」

過了幾天，那位教師又打電話來說：「他們已經把錢寄出。」

費曼說：「喔！如果他們非要把錢給我的話，那就給我吧！」

沒想到教師卻說：「雖然已經寄出，但您還是得在那張表格上簽字。」

費曼有些不悅，以不耐煩的口氣說道：「對不起，我說過絕對不會在那張表格上簽字！」

只見雙方各有堅持的情況下，最後事情便僵在原地，再也沒有人理會了。

層層的手續或規章，經常造成生活的不便與時間的浪費。所以，無論是故事中所表現的情況，還是現實生活的情況，我們都有一個共同的經驗，當我們在協商合作時，如果遇見了堅持繁雜的作業流程時，很多時候不僅無法建立彼此合作的信心，反而更容易造成不必要的溝通瓶頸。

因為長期生活在手續繁雜的工作流程中，人們不免培養出一些特性，像是工作渙散的態度，或不知變通的性格。

然而，在我們的生活之中，不也經常在類似的繁瑣過程中浪費許多時間？

其實，生活是活的，我們隨時都能簡化生活的規章。及時去除不必要的繁瑣流程，才能抓住生活的重點，緊緊地掌握人生的每一分每一秒。

因為除去了不必要的瑣事干擾，我們就能過靈活的生活，很快地，便能重現活力，讓每件事都更顯效率。

用心，才能突破瓶頸

只要多用一份心，坦然地面對問題與缺失，不僅能迅速地填補缺漏，更能緊抓住事情發展的重要關鍵，踏入成功的領域。

莎士比亞告訴我們：「千萬人的失敗，失敗在做事不徹底，往往做到離成功還差一步，便終止不做了。」

唯有絞盡腦汁突破臨界點，失敗的盡頭才會化為成功開頭。

流行的風向將往哪兒去，時尚的需求有哪些東西，方向就在你的腦海中。只要你能比別人多花一分鐘想想，很快地你便會驚呼：「我想到了！」

成功就是這麼簡單，很多人之所以無法達成，那是因為他們面對困難時總是比別人少堅持一分鐘！

瑪莉是一位英國服裝設計師，有一天黃昏，她照慣例來到街頭散步。

忽然，有一群漂亮的女孩子經過她身邊。

瑪莉微笑地看著她們，她們也回應一個笑容後，便開始聊女孩家的心裡話。

其中有個女孩說：「妳們看，現在流行的服裝真乏味，一點也不好看！」

另一個女孩也呼應說：「是啊！妳看這條破裙子竟然流行到現在，實在很難看，真想把它剪壞、丟掉。」

瑪莉聽見女孩們的抱怨，不禁感覺十分羞愧，心想：「身為一個設計師，的確要多一些創新，讓女孩們從服裝上表現出應有的青春活力！」

瑪莉認真地想了又想，忽然驚呼道：「剪！是啊，如果我把裙子再剪短一些，那不就能充分展現女孩們的美麗身材和青春氣息嗎？」

於是，瑪莉立即停止午後休閒活動，立即奔跑回家，動手製作起她的新設計，一件被剪短的裙子。

「短裙子」一上市，很快地便銷售一空，後來，人們也正式給予這件裙子一個名字，叫做「迷你裙」。

從此，迷你裙的風采不僅在英國掀起一陣流行，更在世界各地燃燒出一股熱潮，瑪莉也因為這個「剪短的裙子」創意，坐上了流行服裝設計大師的寶座，當然，這個創意發想更為她賺進了千萬的財產。

因為一個剪字，讓瑪莉聯想到了青春活力，因為多一份留意，讓她多思考了一分鐘，也讓她多賺進了一筆非凡財富。

無論你我選擇什麼樣的工作範疇，都要有「比別人多一份心」的態度，因為這是突破工作瓶頸的自勉力量，也是讓我們挖掘成功湧泉的支持力量。

正因為一切力量始終都源自於我們的心，所以，用「心」探尋的瑪莉能聽見女孩們的「心」聲。

瑪莉的名利雙收，再次地印證了創意人的成功技巧：「只要

你能多思考一秒鐘，只要你能多用心一分鐘，那麼你就能看見成功的契機！」

從古至今，這不僅是眾多成功者的共同經驗，也是他們分享成功經驗時的重要體悟。

只要我們能多用一份心，坦然地面對問題與缺失，並積極發現其中缺漏處，那麼，我們不僅能迅速地填補缺漏，更能緊抓住事情發展的重要關鍵，踏入成功的領域。

3.
奮力向前跑，
就有機會奪標

成功與失敗的分野就在於願不願意加倍付出，

別害怕輸在起跑點，

只要沒有人抵達終點，

我們就還有機會奪標。

要改變，更要下定決心實踐

 生命的陽光一定會照亮黑暗逆境，但如果我們自己不肯打開心門，無論太陽怎麼熱情，消極的心始終要陷在一片漆黑中。

生活不必非要一帆風順，多些逆風的阻撓反而能避免我們衝過頭。

身為生命之舟的舵手，必須提防船兒毫無方向地四處漂流。

樂觀地迎向眼前的難關，生活中能多一點雨水澆灌，我們清醒的機會便會多一些，自己的未來也會清晰一些。

雖然從小便生活困苦，但傑克・倫敦的開始卻不像其他傑出人物那般努力進取。童年時期的他像個小惡魔，最厭惡的事就是踏入校園，寧願把時間花在偷竊的勾當上。直到有一天，漫不經心地在圖書館裡發現了《魯賓遜漂流記》之後，小傑克的人生終於有了轉變。

深受《魯賓遜漂流記》啟發的傑克・倫敦，從此天天到圖書館報到，因為他從書本中看見了新的世界，一個充滿希望與活力的新世界。

當《天方夜譚》中的奇妙故事在他腦海中轉動時，傑克幾乎忘了現實世界的存在，大世界的奇妙與美好深深地激勵著他，從

尼克卡特至莎士比亞，從馬克思到赫伯特，傑克‧倫敦從書本中學習到的東西越來越多，也越來越討厭自己的過去。

十九歲那年，他決定重回校園：「我不能再流浪了，我必須靠腦力實現自己的未來。」

進入奧克蘭中學後，傑克積極向學，幾乎不分晝夜讀書，居然只花了兩個月的時間，便把高中四年的課程全部唸完，並且還通過了考試，拿到了加州大學的入學資格。

渴望成為作家的他，一遍遍地讀著《金銀島》、《基度山恩仇記》和《雙城記》……等名著，接著，憑藉著人生的經歷與從書本學習到的寫作技巧，每天不斷地書寫著。

他曾經只花了二十天就寫成一部長篇小說，也曾經一口氣寄給出版商三十篇小說，雖然後來全被退回，但一點也不氣餒，仍然持續地寫著。

因為，他知道：「我想寫作，寫作是我全部的生命。」

終於有一天，他寫的小說《海岸外的颶風》獲得了《舊金山呼聲》雜誌所舉辦的徵文比賽首獎。

只是，所有成功的開始都是辛苦的。經常有一餐沒一餐的傑克‧倫敦曾經低頭面對現實，放下手中的筆，再次投入辛苦的工人生活，但無論如何他都沒有放棄過夢想。

一八九八年的某一天，傑克‧倫敦放下手上的工作，重新面對自己：「我的人生只有這樣嗎？再這麼下去，我還有多少時間和機會呢？」

望著口袋裡的兩塊錢，他最後決定重拾筆桿。

五年後，傑克‧倫敦手上已經出版了六部小說和一百二十五篇短篇小說，有一天，重溫自己的作品後，他帶著微笑走到窗口，欣賞美麗的陽光，不禁讚歎：「生命的陽光真是燦爛！」

什麼時候才是最好的開始，你仍然抓不準嗎？

傑克在故事中給了我們一個方向：「只要你真正地醒悟，找到了人生目標，更下定決心實踐，那麼無論你什麼時候醒來，只須記住，那便是你開始的時機，絕對不能鬆懈。」

「積極行動，想做就做」是傑克的醒悟。生命的陽光一定會照亮黑暗逆境，但是這道光仍然需要你的迎接，如果我們自己不肯打開心門接受陽光，無論太陽怎麼熱情，消極的心始終要陷在一片漆黑中。

無論人生的開始是好是壞，只要我們面對未來的態度是積極的，機會一定會守候著我們。傑克·倫敦的微笑，正引領我們迎向生命的希望，更讓我們聽見實現夢想的讚嘆。

奮力向前跑，就有機會奪標

成功與失敗的分野就在於願不願意加倍付出。別害怕輸在起跑點，只要沒有人抵達終點，我們就還有機會奪標。

成功的必備條件是企圖與決心，希望目標能夠達成，除了要有積極努力的決心之外，更要有超越別人的企圖心。

不必擔心找不到機會，而是要多加留意步伐是不是比別人慢了！無論我們選擇哪一個領域，只要有積極突破自己的企圖心，就能累積實力追求卓越的未來。

音樂家海頓八歲那年考進了維也納聖斯蒂芬大教堂的合唱團，為此他必須離開父母到維也納學習音樂。

看著他小小的身軀，每個人都心疼地想著：「他連基本的生活能力都不行，還需要爸媽的關心照顧啊！」

不過，小海頓看起來一點也不擔心，反而安慰著家人：「為了音樂，我會學習獨立，請大家放心。」

剛到合唱團裡，小海頓果然基本動作全都不行，起床、穿衣和整理床舖都做不好，別人都早早完成去吃早餐了，他總是一直到大家都快吃完了，才匆匆忙忙地來到餐廳。

其他小朋友們見到他的窘況，全都忍不住嗤嗤竊笑，這種景

況讓他更加慌張了。

　　害羞的小海頓面對大家的嘲笑，難過地想著：「在家做時也沒這麼難啊，怎麼會做不好呢？」

　　從此，小海頓經常躲在角落裡偷偷哭泣：「我怎麼學習音樂呢？我連吃飯、穿衣都做不好了！」

　　不過，每當和大家一起練歌，聽見自己美妙的童音在教堂迴盪著，小海頓的企圖心總會再度燃起：「不，我不能輕易放棄理想，我要繼續留下來，再困難也不能走。」

　　從此以後，小海頓每天都會比其他人早半個小時起床，因為他告訴自己：「既然我得多花兩倍時間去做，那麼我就比別人早兩倍時間起來。」

　　慢慢地，小海頓拿捏到自我管理的技巧，再也沒有任何困難讓他退縮了。為了能儘早趕上進度，小海頓每天早上都會跑到樹林裡努力地練唱，在鳥兒的陪伴下，小小身影一點也不孤單，反而有種征服世界的霸氣。

　　憑著實力考進合唱團的海頓，當然沒有維也納貴族公子小姐們那樣好的經濟條件，父母給他的零用錢經常連買書都是難事了，更何況買樂器。

　　這天，海頓終於收到父親寄來的錢，望著全身上下一再補丁的衣物困惑地思索著：「到底該先買哪樣呢？」

　　走在大街上，他走進一間間的商店，不過，每一間都看了看就走出來，直到走進書店之後總算不再空手，抱著巴赫的《對位法》出來。

　　刻苦勤學的海頓，從不參加同學們的郊區野餐或歌劇欣賞，因為他只想一個人留在教堂內趁機練琴，從巴赫二段式套曲到托卡塔曲。這麼辛勤努力，當然使他比別人早一步開拓自己的音樂

天空。

　　別再抱怨自己的背景或基礎不夠好，海頓在故事中告訴我們：「不必擔心起跑時慢了別人一步，只要你接下來能加足馬力，努力地往前奔跑，第一個抵達終點的人一定是你。」

　　換個角度想，在命運之前其實我們都有均等的機會，成功與失敗的分野就在於願不願意加倍付出。

　　在人生的競爭中，如果你的身軀比較弱小，當別人跨一步就能抵你兩步時，你便得訓練自己以加倍的速度超越對方。

　　所以，別害怕輸在起跑點，只要奮力跑向終點，我們就有機會奪標。

活用時間，機會就會加倍

別煩惱你的環境或際遇比別人差，只要你願意自己站起來，願意積極地爭取，時間便會為你延長，讓你擁有加倍的時間和機會。

　　覺得時間不夠用的時候，不妨先問一問自己：「昨天是否又貪睡了，今天是不是又偷懶了？」

　　每個人的答案一定不同，但是，我們人生最終結果就藏在這個答案中。

　　人生是我們自己在走的，時間也是我們自己在操控的，只有我們自己才知道是否善加珍惜每分每秒。

　　沒有上過小學的馬克思，在父親的指導下自修完成小學的基本課程，一直到十二歲那年，才踏入了德國的特里爾市中學，開始校園初體驗。

　　中學時期，馬克思便展露了頑強的毅力，刻苦勤學的他無論是在科學的成績還是文學藝術的表現，每一項都十分出色，這些成就讓他在畢業時，收到了十分特別的畢業證書。

　　校方破天荒地在證書上特別寫著：「該生才能優異，特別是古語學、德語學和歷史方面的學表現令人激賞。勤勉的馬克思同學在語言、數學以及歷史、地理各科中所下的功夫，是所有師生

有目共睹的，更是每一位學生應當學習的榜樣……」

這一長串的讚許文字，清楚地說明了馬克思中學時期的優異成績，也反映出馬克思的努力與成就。

一八三五年，馬克思進入了柏林大學，在學風自由的大學殿堂裡，更加盡情地自在遨遊在各種知識領域裡。

馬克思在兩個學期內便完成了一般學生恐怕得花二十個學期才能學完的課程。

不放棄任何學習時間的馬克思，有一次生了重病，在床上躺了好幾個星期，不過在這段時間，他居然讀完了好幾本科學巨著。到了五十歲那年，為了研究如何讓俄國經濟發展，又從頭開始學習俄文。

幾塊麵包和一壺水是馬克思走進圖書館時常備的東西，因為他總是一直坐到圖書館關門才會離開。

據說，在大英博物館的閱覽室裡他常坐的位子下方，因為經年累月的踩踏與摩擦，使得這塊水泥地磨掉了一層。

馬克思曾對一位友人說：「表面上看起來，我們每天只有八個小時可以運用，事實上，我們擁有的是兩倍以上的時間。」

對馬克思來說，他一天可用的時間不只八個小時，然而對某些人來說，一天恐怕用不到八個小時吧！

看著馬克思學習的熱情，與坐在圖書館裡的身影，更讓人信服於他的學術成就。我們不難看出馬克思學識的淵博，是因為他廣泛且深入的學習，才能看見了豐富的新視野。

馬克思小時候的求學經歷，縱然不能平順或按部就班地走過，但他仍舊力爭上游急起直追。

他的奮鬥過程在在勉勵我們，縱使我們錯失機會，仍然要努力前進，即使得曲曲折折加倍付出，也要不計任何代價與辛苦，用盡全力爭取，補足所有的生活缺口。

就像馬克思在文中告訴我們的：「別擔心你的時間不夠，也別煩惱你的環境或際遇比別人差，只要你願意自己站起來，願意積極地爭取，時間便會為你延長，讓你擁有加倍的時間與機會。」

為自己彈奏響亮的生命樂章

 能奮鬥不懈才能讓生命樂章永不休止，真正的失明並不是眼睛看不見，而是放棄目標不肯積極往前！

積極克服心中的障礙，別管人們怎麼說，只要知道自己怎麼想，就能堅定自己的人生方向。

人生路全靠自己走，唯有勤奮刻苦才能敲出最響亮的生命樂章，所以請你使盡全身的力量，奮力向前吧！

歐拉經常為了研究科學而廢寢忘食，為了研究出一套計算行星軌道的公式，他已經二天沒睡了，甚至連桌上準備的麵包一口都沒咬。

「不對啊？結果怎麼算不出來？」

歐拉似乎遇到了瓶頸，總覺得答案就呼之欲出了，但是，不管怎麼抓都抓不到。眼看著手中的筆桿就快抓不牢，視線也有些模模糊糊了，不過，歐拉還是不想放棄。

直到第三天，歐拉終於找到答案了！

歐拉的精神再度振作起來，然而看著充滿金色光芒的數字，忽然感到一陣暈眩，右眼的視線忽地變模糊了，就在短暫地看見金黃色光芒之後，眼前的景物慢慢地消失了。

　　歐拉的右眼失明了，醫生對他說：「這是過度勞累和緊張所造成的。」

　　「只不過少了一隻眼睛而已嘛！」

　　對歐拉來說，這並不會削減他工作的熱情，更不會影響他繼續研究的決心。接下來，歐拉始終保持十分旺盛的創造力與活力，經過不斷地探索與鑽研，天文學的世界有了突破性成長。

　　一七四一年，歐拉接受普魯士國王的邀請，到聖彼得堡擔任數學研究所長，年輕力壯的歐拉並未推辭，雖然右眼看不見，但他要將豐富的人生經驗與學識成就和世人分享，讓人們知道生命很可貴。

　　因為體悟到生命的珍貴，歐拉怎麼也不願意休息，反而更積極地利用時間研究，只是，過度勞累、緊張的歐拉再次為此付出代價。

　　五十九歲那年，他的左眼也慢慢地模糊了，由於有了右眼的經驗，歐拉知道自己就快看不見了，因而緊緊地捉住最後時機。

　　他在黑板上，奮力地寫下剛剛發現的公式與各種引證、計算，要學生和助手們抄寫下來，根據他口授的內容寫成論文。

　　最後，歐拉的左眼完全失明了。人們對這位科學奇才感到扼腕：「年近花甲的老人，要怎麼走過這段黑暗歲月呢？」

　　不過，人們似乎多擔心了，因為歐拉有科學的支持就夠了。

　　他的世界並不灰暗，因為在他的腦海裡，那些數學、符號、公式、原理和圖形組成了一個無比光明的世界，他的學術生命也並未就此終止，而是一如往昔地勤奮研究。

　　歐拉在最後的十七年間，發表了近四百篇論文，並且解決了不少科學難題，其中還包括了曾令牛頓相當頭痛的「月離」問題，經過他鍥而不捨的鑽研，終於找到了答案。

　　一個偉大的成功人物，生命終了之後還有餘韻繚繞世間，當然是因為他生前的奮鬥從未間斷過。

　　也許，有人會想：「如果歐拉能休息一下換回視力，不是更好？」

　　或許吧！但有誰能保證，休息真的能換回永遠的光明呢？

　　能奮鬥不懈才能讓生命樂章永不休止，真正的失明並不是眼睛看不見，而是放棄目標不肯積極往前！

　　「每個人都有自己想走的人生道路，也只有自己能夠承擔路上的辛苦與命運安排！」這是歐拉與我們分享的生命體悟，當別人心疼他的眼睛時，他更擔心不能間斷研究目標，所以他堅持自己的行動不能稍有停滯。

　　上帝關閉了他的靈魂之窗，卻為他開啟一扇通往神奇奧妙世界的大門。歐拉的犧牲雖然很大，但是對他來說，犧牲卻換來了更燦爛的生命成就，這些才是他真正想要的人生，也才是他積極生活的重要目標。

　　一片黑暗中，歐拉克服了重重困難，也始終都保持著旺盛的精力和高昂的鬥志，他做到了明眼人難以做到的。我們不妨反過來問自己，在實踐夢想之時，能否像他一樣積極奮鬥，勤勉不息？

評估利益，要以誠信為依據

評估個人利益，必須以誠信為依據。一旦失
去了信用，未來肯定會進退失據，再也沒有
人會信任我們，更沒有人願意支持我們。

為了堅持誠信，我們經常必須做出許多犧牲，也許是擁抱財
富的機會，也有可能是提名國際的機會，也許是飛黃騰達的機會，
這些犧牲都是許多人選擇履行承諾時最痛苦的煎熬。

割捨雖然痛苦，但名利財富並不是成功的表徵，人們選擇背
信時，得到的反而都是「壞名聲」。

托馬斯‧愛德華‧勞倫斯是英國史上非常重要的將領。當年
轉戰阿拉伯國家時，因為英國官方的政策，使他失信於阿拉伯人
民，為此他深感良心有愧，拒絕接受英王的勳章，並從此退出政
治舞台。

這個舉動讓他贏得各方極高的評價。

勞倫斯的一生與阿拉伯世界緊密地結合著，從早先到中東考
古，到後來因為戰爭需要而再次踏足中東，在在都顯示了英國官
方對他的信任。

勞倫斯靠著他對阿拉伯世界的了解，成功協助英國政府扶植
了傀儡政權，從此踏上了中東沙漠游擊戰的舞台，並一舉成名。

　　長年的沙漠游擊戰，勞倫斯完全適應了阿拉伯式的游牧戰鬥生活。他與阿拉伯人民並肩作戰，讓奧圖曼帝國丟掉了在阿拉伯地區近四百年的統治權，為阿拉伯世界立下了不可抹滅的功勳，阿拉伯人民對他也更加信任。

　　與此同時，勞倫斯也一再向侯賽因新政府保證：「戰後，我們會讓整個阿拉伯地區再整合成一個統一的獨立國家。」

　　這個獨立的國家是阿拉伯人民長久的期望，所有中東人民都對他寄予相當大的期望。只是連勞倫斯也沒料到，英法兩國居然在戰爭結束後秘密地達成一項協議，兩國各取所需，決定讓阿拉伯地區實行分治。

　　這個協議不僅讓阿拉伯人民震驚，更使勞倫斯十分難堪與氣憤，因為他一再信誓旦旦地保證，最終卻被出賣而失信於民。於是，他斷然拒絕接受英王授勳，並決定長居中東，從此退出政治舞台。

　　其實，勞倫斯原本就是個厭惡聲名的人，如今又因為自責，只得過起隱姓埋名的生活。

　　對於緊追不捨的八卦記者，勞倫斯最後連自己的名字都得捨棄，才能專心寫作，好好地過自己的生活。

　　最後，一場意外車禍結束了勞倫斯的生命，也讓這個世界少了一個偉大人物。勞倫斯一生雖然建立令人矚目的戰功，但是因為失信而自願退隱的負責態度，卻是讓他名留千史的關鍵因素。在勞倫斯的葬禮上，十分敬佩他的邱吉爾還流著眼淚說：「我們這個時代最偉大的英國人走了！」

　　翻開人類歷史，觀察一個人在誠信與名利之間的取捨拿捏，

我們便能輕易地看出這個人的品性，就像「阿拉伯的勞倫斯」在故事裡提醒我們的：「一個不能堅守承諾的人，即使失信的原因不是本身造成的，一旦不能實踐他的承諾，這個人最終都是失敗的。」

信守承諾不僅是做人的基本原則，也是我們成就未來的唯一利器。這也是托馬斯‧愛德華‧勞倫斯之所以寧願捨棄一切財富和地位，也要堅持不背信於民，與不背棄良心的主因。

在評估個人利益得失時，我們必須以誠信為依據。一旦失去了信用，未來肯定會進退失據，再也沒有人會信任我們，更沒有人願意支持我們。

故事的道理很簡單，生命的價值高低或許很難評定，但是能否活得無愧於心，選擇權確實掌握在我們手中。

只要認真做，就一定有收穫

 一個人真正的成就，不在掌握了什麼樣的
權力或坐上了什麼位置，而是能不能堅持
自己的理念。

　　不必擔心理想是否能實現，因為，無論在什麼樣的環境下，
現實從來都不是阻礙的主因。

　　只要我們想做，所有問題都一定能解決，只要我們敢做，任
何理想都一定能實現。

　　很多人都不知道，一旦忘了堅持，奮鬥的目標便會立即消失，
再美好的理想也要灰飛煙滅。

　　華盛頓接下美國獨立戰爭期間的總司令，憑著一股勇氣，為
國為民鞠躬盡瘁。當上總統後，他更加努力不懈，面對政治的爭
鬥，也曾辭去總統職務，每每又為了國家人民而再度復職。

　　總統的身份地位並不是他所期望的，他只想盡全力做到最好，
並努力地實踐他對自己和家園的承諾。

　　獨立戰爭結束後，華盛頓的功績讓他成為眾望所歸的領袖人
物，依功勳來說，華盛頓本該順理成章地接卜總統一職，其他支
持英國君主制度的人也紛紛表示願意支持他「登基」。

　　但是，華盛頓對此卻堅決反對，他說：「請你們對自己的國

家心存尊敬，為你們的子孫後輩著想。如果你們真的尊重我的話，請你們放棄這樣的念頭，因為，我知道這將帶來更多的災難。」

對華盛頓來說，當初的獨立之戰不只是為了國家，更是為了消除英國君王制度的貴族心態。然而，好不容易爭取到自由的人們，卻仍然對君主制度大表支持，這令華盛頓感到憂心。

華盛頓拒絕出任總統，也立即辭去總司令的工作，回到他的故鄉農莊與家人團聚，重新展開他自由自在的平民生活。

然而，當時聯邦政府體制紊亂，施政情況不上軌道，不禁讓華盛頓憂心忡忡：「好不容易成功獨立，現在又瀕臨混亂和毀滅邊緣了。」

國家利益，是他始終放不下的，那麼辛苦地爭取到的自由、民主，怎麼可以任由它倒下呢？

於是，華盛頓決定復出，一七八七年他主持了「憲法會議」，接著又因為特殊地位與聲望而當選了美國第一任總統，美國也在這位堅持理想的總統掌舵下，慢慢地走向正軌，成為真正獨立自由的美國。

連任了兩屆美國總統之後，華盛頓在一七九六年發表了「告別書」，主動離開政治舞台，又回到了寧靜的田園生活。

華盛頓為國效力不計個人得失，這樣的英雄人物無人不感敬佩。關於華盛頓的人生經歷我們都很熟悉，對於他的誠實更是奉為典範。

華盛頓真正的成功之處，不在他實踐的結果，而是他實踐理想的過程。

故事中他展現出的生命態度值得我們深思：「一個人真正的

成就，不在掌握了什麼樣的權力或坐上了什麼位置，而是能不能堅持自己的理念。外在環境瞬息萬變，人的思維也在轉念之間，我們是否能忍人所不能忍，能不能固守理念，這些才是我們真正成功的目標。」

人最常迷失的原因，並不是因為喪失了目標或理想，而是習慣打著「現實」的藉口，或是緊盯著名利權貴而走偏了人生方向。

其實，我們到底想做什麼，自己心裡很清楚。

在實踐的過程中多少都會遇到瓶頸，所以不必對現實做出太多埋怨，只要認真去做，只要好好地堅持不懈就對了。結果如何並不重要，很多時候在付出的過程中，我們所收穫的往往比最後的成果更為珍貴。

不墨守規定，才能突破困境

我們要多追求突破而不是墨守成規，雖然
跟著制度走比較安全可靠，但換個角度
看，那其實也代表我們的心態不求進取！

日復一日跟著地球的轉動而展開慣性活動，我們偶爾也要試
著逆向操作，擺脫既定的常規。

那些精采的生活創意正是逆向思考的傑作，勇於打破舊規的
人才能突破重圍，看見無限寬廣的蔚藍天空。

指揮官一再強調：「飛行時，不管出現什麼情況，都必須保
持隊列。」

對飛行員來說，服從隊長的命令是基本的態度，不能有任何
選擇餘地。

不過，漢德卻聽見一位年輕的飛行官問指揮官：「如果領航
機撞上了山崖，那麼我們該怎麼辦？」

指揮官思索片刻後，相當慎重地回答說：「那麼，我不希望
在山崖邊看到四個一字排開的洞。」

這件事給漢德與年輕飛行員上了一堂很重要的課，因為指揮
官的這番話，後來正巧發生在漢德的身上。

在一次飛行中，漢德和同伴排成一字形縱隊，他排在第三位。

他們在暴風雪中飛回基地，當時的氣流很大，不過，他們仍然以五百英哩的時速保持著優美的隊形飛行著。

正當漢德集中精神飛行時，領航員卻瞥見了下面雲層間的黑洞，他預料將會有更惡劣的天氣，因此立即呼叫指揮中心取消飛行計劃。

一旦計劃取消了，也就表示飛行中心不再進行監控，接下來的飛行得全靠飛行員自行控制了。

雲層出現「黑洞」時，意味著將有更惡劣的天氣緊隨其後，就在發現的那一刻，所有飛行員唯有聽天由命了。

他們仍然盡可能保持隊形飛行，不過因為不再有任何指示，飛行員們似乎都有些暈頭轉向。當他們衝進厚厚的雲層時，漢德已經看不到另外兩架飛機了，四周茫茫一片。不過，他們的距離始終如故，因為他們只想著：「身為飛行員，要不惜一切代價保持精確的飛行。」

飛機在漢德的視線中忽隱忽現，他忽然看到領航機和第二架飛機十分接近，在這樣緊急的關頭，即便兩架飛機不相撞，也難保不會有意外。

於是，漢德當機立斷，決定要打破常規，按著自己的判斷力行動。他用力將飛機拉升，緊接著開啟裝置之後迅速跳傘逃生，他決定放棄隊形的要求，因為如此惡劣的天候，決定片刻都不能遲疑。

漢德下決定時並沒有和領航官通話，大約一個半小時後，漢德在俱樂部看到了領航員，所幸大家都躲過了一場劫難。

雖然他們都受過嚴格的隊形訓練，不過他們更將天賦、知識和閱歷三者充分地融會貫通。在最危急時刻，天賦與求生本能讓他們走出死亡線。

　　就像為了整合軍心，軍中不得不以紀律來約束士兵，任何團隊也都有一些成員必須遵守的規矩。

　　齊心團結原本就是促進社會和諧的重要一環，不管身處什麼樣的環境之中，我們都一定有既定的團體制度必須遵守，只是在謹慎遵守之際，我們更要懂得依勢變化，讓規定更靈活運用才是。

　　畢竟制度是死的，遵守制度的人是活的。所有規則是依平常情況所制定，鮮少考量到突如其來的變化，所以我們在謹守任何規定時，也要告訴自己：「不能死守規則，凡事都要依當下情況靈活變通。」

　　就像故事中遇到危難的飛行員，遵守命令固然重要，但是保住性命更重要，既定的規範雖然神聖，但始終還是會出現漏洞。

　　所以，長官沒有制式地教育飛行員非得「嚴格遵守」，而是間接暗示他們：「都遇見危機了，那些制度規當然不再適用，因為真正的軍人會懂得求生的本能，能夠見機行事、積極變通。」

　　在不同領域中的人都需要這樣的處事態度，我們要多追求突破而不是墨守成規，雖然跟著制度走比較安全可靠，但是換個角度來看，那其實也代表我們的心態不求進取！

　　所以，不僅要學習一心團結，也要有積極突破的行動力，縱然突破有著難以預料的危險，但往往也能爆出精采的火花。

4.

勇於面對，才能解開心結

生活中沒有解決不了的問題，

　　人與人之間也沒有必須的敵意與敵對，

特別是面對自己身邊的人。

好運總有一天會出現

抗壓力越來越弱的現代人，你是否願意重
新給自己一個機會，接受這些叮嚀和鼓
勵，繼續堅持，不再輕易放棄呢？

挑戰，通常充滿了難以預料的變化和未知數，所以不是每個
人都敢讓自己處於隨時面臨挑戰的環境。但是，大多數人都忘了，
其實真正的成功，卻總是存在於這些變化和未知裡。

想要迎接挑戰、克服困難，首先就得要不在乎別人的懷疑和
嘲笑，並且相信自己所做的是最好的選擇。

人生隨時都會有新的開始，每一個新開始也都像嬰孩學步一
樣，第一步都會跌倒，即使順利地走了兩步路，也還是會有跌倒
的時候。

但是，如果跌倒後就不願再站起來，繼續試著邁出自己的步
伐，我們現在又怎能「健步如飛」？

每當皮爾失意時，母親都會對他說：「不要為了眼前的不如
意沮喪，只要你能堅持下去，好運總有一天會出現。而且你也將
發現，如果沒有這些失望的經驗，你永遠也不會知道什麼是好運，
不是嗎？」

母親的這番話，直到大學畢業後，他才有切身體驗。

當時，他決定到電台找份工作，希望能成爲一名專業的體育播音員。畢業典禮後的第二天，他就走遍芝加哥的每一間電台的大門，但是一天下來，碰了一鼻子的灰。

到了傍晚，他走進了一間播音室，裡面有位和氣的女士告訴他：「你的資歷太淺了，大電台是不會僱用新手的，我想，你不妨多找幾家小電台，機會或許比較多一些。」

皮爾說了聲謝謝，便搭便車回到了迪克遜，這裡雖然沒有電台，但是皮爾的父親告訴他：「蒙哥馬利・沃德公司在這裡開了一家商店，正需要一名當地的運動員去經營他的體育專櫃。」

於是，皮爾以大學時的橄欖球隊經驗，希望能應徵進入這間體育用品公司工作。

但是，幸運之神似乎仍未出現，他再次失敗了。

看到情緒低落的皮爾，滿臉失望的神情，母親再次鼓勵兒子：「放心，只要繼續努力，機會一定會出現。」

於是，他又借了父親的車，來到七十英哩外的一家電台。

這家電台的節目部主任名叫彼特・麥克阿瑟，他親切地對皮爾說：「對不起，我們已經找到播音員了！」

皮爾一聽，不禁大失所望，嘆了口氣說：「不能在電台工作，我又怎能成爲體育播報員呢？」

誰知，皮爾走來到電梯時，彼特・麥克阿瑟突然又走了過來，問他：「你剛才說，你曾經是橄欖球員嗎？」

皮爾點了點頭，接著彼特・麥克阿瑟讓皮爾站在一架麥克風前，請他憑想像，播報一場橄欖球賽。

皮爾想起了前年的秋天的一場比賽，他用最後二十秒的時間，以一個六十五碼的猛衝擊敗對手的精采戰況。

用親身經歷進行的試播自然精采萬分，試播之後，皮爾馬上

被告知：「星期六要轉播的那場比賽，就看你囉！」

在回家的路上，皮爾不禁想起了母親常說的話：「堅持下去，好運一定會到來。」

有句西方諺語：「堅忍是成功的要素，只要你在門上敲得夠久夠大聲，一定能把人們喚醒。」

這個道理就像皮爾的母親經常對他說的：「只要你能夠堅持下去，好運總有一天會出現！」

抗壓力越來越弱的現代人，你是否願意重新給自己一個機會，接受這些叮嚀和鼓勵，繼續堅持，不再輕易放棄呢？

「跌倒了再站起來」，不是老生常談，而是連接我們成功目標的重要紅線，只要我們能不斷地再站起來，我們便一定能體會這個簡單的道理：「堅持下去，你就會遇見好運！」

掌控自己的命運，就不會厄運纏身

沒有人可以逼你放棄希望，即使狂風暴雨也不能吹熄你的夢想，因為真正能掌控我們的人，只有我們自己。

　　作家蒙泰朗曾經說過：「耗盡我們生命的，與其說是重大的悲劇，不如說是瑣碎的小事。」

　　其實，人生是苦樂參雜的一趟旅程，笑著過是人生，哭著過也是人生，全看自己如何選擇。想要掌控自己的命運，就必須學會適時放下過去。

　　如果，你經常為了小事鬱卒，在你的腦海中只有不幸的念頭，那麼在你的現實生活中必定會是不幸的。

　　因為，不適時放下，你的生活腳步會跟著心的方向前進，朝著「不幸」的方向走去，這不是什麼神奇巫術，而是心理學上常說的「自我暗示」。

　　博格在二十五歲，事業到達巔峰那年，正準備迎娶美嬌娘。

　　然而，就在這時，厄運找上了他。

　　那天，他和一位朋友開著車，要到未婚妻家談論婚禮的事，由於路途遙遠，博格開了八個小時之後，發覺自己精力似乎不太行了，於是請朋友來駕駛，豈料從此改寫博格的命運。

　　開夜車實在是件很辛苦的事，除了視線不佳之外，體力也是一大考驗。一個半小時之後，朋友就因打瞌睡，伏在方向盤上睡著了，失去掌舵的方向盤，就這樣連人帶車朝山壁撞去，車子停下來時，博格已經不醒人事了。

　　當他醒來時，醫生宣佈他半身癱瘓，於是博格新的生活便在這種情況下重新寫過。醫生說，他再也不能開車了，生活上也得完全依靠他人，甚至還有人建議他，別再提結婚的事了。

　　博格心中非常害怕，害怕醫生的話將變成事實，躺在床上想：「我的希望和夢想還在嗎？我還能從頭開始嗎？」

　　博格閉上了雙眼，害怕看見眼前的世界會是一片黑暗。

　　這時，母親來到他身邊說：「孩子，一切都會過去，然後你會發現，你的生活將比過去更精采。」

　　博格深深地思考母親的話，忽然感覺到希望和熱誠的光芒正環抱著他，因此下定決心：「我不能就這麼放棄！」

　　從那天起，博格非常努力地做復健，慢慢地可以走動，也可以開車了。

　　一年後，博格沒有像醫生預期的癱瘓在床上，完全靠自己的力量打理生活，絕不假手於他人，不久美嬌娘也娶進門了。

　　博格後來擁有一家公司，也成為一名專業的評論家，還寫了一本《奇蹟如此發生》的暢銷書。

　　為什麼博格能完成種種不可思議的奇蹟？

　　因為，他只記得母親的鼓勵話語，並拒絕了醫生和其他人的喪氣話。

　　如果博格當初選擇了醫生和朋友們的喪氣話，拒絕了母親的

鼓勵，相信真的要一輩子躺在床上，靠別人生活了。

　　還好，博格並沒有那樣選擇，他聽信了母親的話，也選擇了自己想要的夢想人生，積極地改寫自己的命運，不讓厄運纏身，因為他清楚地知道：「未來就在我手中，我必須靠自己力量再站起來。」

　　看著博格的積極態度，還在埋怨天不從人願的你，何不用微笑代替煩惱，讓夢想再次走進你的心田，讓陽光繼續照耀你的希望種籽呢？

　　沒有人可以逼你放棄希望，即使狂風暴雨也不能吹熄你的夢想，因為真正能掌控我們的人，只有我們自己。只要我們不放棄，就沒有人能帶走我們的希望，也沒有人能奪走屬於我們的機會！

勇於面對，才能解開心結

生活中沒有解決不了的問題，人與人之間
也沒有必須的敵意與敵對，特別是面對自
己身邊的人。

　　作家約翰・凱勒斯告訴我們：「人與人的互相援助精神，把
多數人的心靈結合在一起。由於這種可貴的聯繫，我們的生活才
會不斷向前躍進。」

　　互助精神會使我們和別人在思想上，或是在感情上進行正面
交流，並且在彼此需要的時候相互伸出援手。

　　人與人之間哪來的那麼多仇恨？

　　沒有相識一場，又怎麼會與人結怨？既然人與人都是從「相
識相知」開始的，就算後來情誼無法再回到最初相識之時，只要
你願意，彼此之間至少也能來個「好聚好散」。

　　迪克森的祖母在年輕時曾有個宿敵，她是威爾斯太太。

　　兩個女人之間的敵對是怎麼開始的，大家都已經忘了，不過
小迪克森卻清楚記得，小時候經常目睹的「戰鬥」過程。

　　像是威爾斯太太幫助姪女當選圖書館管理員，導致迪克森的
姑姑落選後，迪克森的祖母便停止借閱圖書館的圖書。

　　還有一次，迪克森和幾個朋友們把一隻蛇放進威爾斯家的水

桶中，祖母看見時只是象徵性地反對一下，卻不阻止孩子們的行動，任由他們惡作劇，甚至在她的臉上還出現了高興的神情。

迪克森這麼做，威爾斯太太的孫子們當然也如法炮製，他們就曾經在天氣晴朗的時候，趁迪克森家晾完衣服後，把全部床單和衣物弄髒，讓迪克森的媽媽重新洗過。

迪克森不禁回想：「當時，我經常想，面對威爾斯家這些騷擾和敵意，祖母怎樣忍受得住？」

後來他才知道，祖母在《波士頓報》上的一個家庭版，結識了一位化名為海歐的筆友，她倆保持了二十五年的通信聯繫，迪克森的祖母把這位筆友視為親姐妹一樣，不管心中有什麼話，都告訴了海歐，而海歐也會回信安慰她，並教導她如何把心放開。

迪克森十六歲那年，威爾斯太人不幸病逝，依當地風俗，住在同一個小鎮上的居民，不管對這位隔壁鄰居有多憎惡，面對死亡，大家還是會自發地幫助死者家屬，這其中當然也包括迪克森的祖母。

這天，祖母穿了一件乾淨的圍裙出現在威爾斯家，表明她想要幫忙的誠意，於是威爾斯家的女兒便請她幫忙打掃前廳，以備葬禮時使用。

就在此時，迪克森太太發現桌子上有一本剪貼簿，而在剪貼簿裡，她看見了她寫給「海歐」的信和「海歐」準備寫給她的回信。忽然間，迪克森的祖母放聲大哭，她這時才知道，生活中的死對頭居然是她最重要的心靈之友！

那是迪克森唯一一次看到祖母放聲大哭，後來他才明白奶奶的「哭泣」·「她哭泣是因為，友好的時光再也補不回來了。」

我們經常笑說夫妻關係是「冤家聚首」，總是要吵鬧過後才能讓感情更進一步，一般情誼又未嘗不是如此？

事實上，我們也時常見到兄弟姐妹之間，或親朋好友之間，大吵一架之後，終於誤會冰釋，感情也比從前更好。

是冤家還是朋友，就看我們怎麼看待，怎麼溝通。沒有人能真正地如膠似漆，即使是恩愛夫妻也會有小爭執，只是在爭執發生的時候，他們不冷戰，不逃避，而是選擇面對和溝通。通常，只要放下手上的雜事，找出解決問題的方法，就能打開兩個人心中的結。

那麼，人與人之間的友情是不是也應該如此？

看著迪克森老奶奶的遺憾，在你心中是否也有著同樣的擔憂，擔心有一天也會發生相同的「遺憾」呢？

假使不希望人生有任何遺憾，那麼就快點敞開心溝通吧！

生活中沒有解決不了的問題，人與人之間也沒有必須的敵意與敵對，特別是面對自己身邊的人，因為，即使彼此是「冤家相聚」，也要兩人結緣了千百年，才能在人世再次相逢啊！

不如意，就要適時鼓勵自己

我們何不多給人們一些鼓勵，讓他們有更積極的生活情緒，快樂地享受人生呢？同時也給自己多一點積極的力量吧！

作家哈伯特曾經如此寫道：「那些習慣為了小事而自尋煩惱的人，永遠不愁自己會找不著煩惱。」

確實，我們經常看到愚蠢的人，總會因為別人冷淡或否定的話語而患得患失，最後逼著自己不斷為小事鬱卒。

沒有人喜歡聽見否定的聲音，也沒有人應該被「否定」給打倒，只要你很清楚自己的實力與需要，就能給自己多一些希望，多一些積極的力量。

一如往常地，阿里又準備出去慢跑了，對他來說，早上能抽出時間跑步，是件非常重要的事。

但是，今天出門前母親卻對他說：「我認為跑步對身體沒什麼好處，聽說那個著名的長跑健將已經死了。」

阿里原本想反駁母親的看法，不過轉念間，他想：「算了，她不明白我的情況，何必和她爭辯呢？」

但是，當阿里開始小跑步時，卻發現，母親的那番話居然不知不覺地影響了他。阿里想：「我可能會在路上像父親一樣心臟

病發，當初他也是毫無預警地走了，而且每個人都認為他比我健康、強壯啊！」

當小跑步變成了走路，阿里的心情被母親的否定話語給擊倒了。已經是年近半百的阿里，其實很清楚自己的需要，他仍然很希望能聽見母親的一句鼓勵，即使只是一句簡單的「跑得不錯」也好。

當阿里準備轉身回家，又看見那位每天早上都會遇見的華裔老先生。阿里每天早上遇見他時，都會精神抖擻地朝著他喊：「早上好！」而這位老先生也會微笑地點了點頭。

今天，老先生再次出現在阿里的前面，還站在他回去的跑道上，讓他不得不停下來。阿里有點生氣，因為母親的否定，破壞了今天晨跑的情緒，現在又遇見這個人擋住了自己的路。

忽然，老先生指著他的 T 恤，這是朋友在中國春節時送給他的，正面有三個漢字，背面則是中國城風景。只見老先生用彆腳的英語，指著 T 恤上的漢字興奮地說：「你會說嗎？」

阿里搖了搖頭，並解釋那件 T 恤是朋友送的禮物，不過，英文程度不好的老先生似乎沒有全部聽懂。但他卻很開心地對阿里說：「我每次遇見你，都覺得你很棒、很快樂。」

阿里一聽，心中似乎又喚起了希望，雙腳也突然間有種無法解釋的力量，轉過身，又繼續跑了六英哩多。

抬頭看著早晨的天空，阿里的心中泛起了一陣激動，雀躍地想著：「我真的很滿足，很快樂，很棒！」

就這樣，阿里繼續他的慢跑之路，也參加了不少馬拉松大賽。雖然他沒有拿到任何獎盃，但是在他心裡永遠有一個支持的力量，就是那位老先生的話：「你的確很棒，很快樂。」

　　看到阿里因為母親的話而沮喪之時，一定有很多人很想給他一些肯定，鼓勵他繼續前進。

　　之所以如此，是因為我們都希望被肯定，更期待人們的讚美和鼓勵，只要能得到一點點支持的力量，我們的生活就會充滿快樂和希望。

　　相同的道理，遇到別人不如意的時候，我們何不多給人們一些鼓勵，讓他們有更積極的生活情緒，快樂地享受人生呢？

　　放下過去的不如意，同時也給自己多一點積極的力量吧！

　　無論如何，你的雙腳就在你的身上，未來的路不管是用跑的還是用跳的，決定權都在你的手中。

　　如果你無緣遇見肯定你的「華裔老先生」，那麼，能夠給你積極生命力量的，只有你自己了。無論遭遇什麼煩惱，都要不斷地鼓勵自己：「你的確很棒，很快樂。」

　　因為，這個支持力量會轉化為你的內在動力，成為積極地肯定自己，並且不斷超越自己的無限能量。

互相尊重是維護自尊的最好方法

每個人都需要被尊重，包括還不懂事的小
朋友，每個人都需要自尊，包括還在學習
成長的小朋友。

有人很容易因為人們的嘲笑而自卑退縮，甚至放棄自己。

但是，他們卻不知道，人們的嘲諷很多時候是出自無知，或
是為了掩飾自己的不足。只要我們多一點自信，往前大跨一步，
自然能封住他們的口，並讓他們躲到無人看見的角落。

生長在三〇年代初期的保羅，家庭狀況和多數人一樣貧困。
當時，孩子們通常早早就出去打工，幫忙維持家計，保羅在這個
大家庭中年紀最小，他的衣服都是兄長們傳下來的，就像鞋子一
樣，只要腳拇趾沒有曝露，不管鞋底磨損到什麼程度，孩子們就
得繼續傳承，直到破得無法縫補為止。

感恩節的前一天，保羅家收到了一箱外出工作的姐姐寄來的
東西，心急的保羅連忙打開箱子，卻只看見一雙姐姐的鞋子，靜
靜地躺在其中。這時，母親看了看保羅腳上的破鞋，便拿出這雙
鞋遞給他。

但是，保羅說什麼也不肯接手，哭著連連搖頭：「那是女生
的鞋子，我才不要穿。」

　　家人們心疼地看著保羅，母親對著保羅說：「孩子，媽咪對不起你，但是，我們家真的沒有別的鞋了，冬天就快到了，如果你不穿上它，腳趾頭會凍傷的。」

　　父親也走過來，拍了拍保羅的頭，但是什麼話也沒說，而最疼愛保羅的哥哥也摸了摸弟弟的頭，對他說：「放心，一切會好起來的。」

　　保羅脫下腳上的舊鞋，雙腳輕輕地放入了這雙褐色、尖頭的新二手鞋中，站起來，發現跟部高了點，但是穿起來還挺舒服的。

　　第二天，保羅有點勉強地穿著「新鞋」上學去，當他到達學校時，奧圖爾正巧站在那裡，他是保羅的「敵人」。

　　忽然，奧圖爾大喊一聲：「你們看，保羅穿女鞋耶！」

　　保羅羞愧得想往教室的方向奔去，然而奧圖爾卻一把捉住了他，並吆喝大家來圍觀。這時，校長突然出現，大喊了一聲：「快進教室！」

　　保羅趁機擺脫了奧圖爾，跑進了教室，但是，奧圖爾卻沒有就此罷手，每節下課時間，都會走到保羅的身邊嘲笑他。

　　中午前，校長又走進來訓話了，他邊走邊說，突然，他停在保羅的身邊，不再說話。保羅抬起頭看著他，沒想到校長正盯著姐姐的鞋，保羅滿臉漲紅地把腳縮了進去，然而就在保羅縮腳時，校長卻說：「那是牛仔鞋！」

　　保羅不解地看著校長，只見校長又說了一遍：「我在西部住過，這是牛仔鞋沒錯，孩子，你怎麼得到這雙牛仔鞋的？」

　　孩子們聽見是傳聞中的西部牛仔鞋，個個都擠到保羅的身邊，好奇地想看看什麼是「牛仔鞋」？个一會兒，教室裡充滿了驚嘆聲：「哇！保羅居然有一雙真正的牛仔鞋耶！」

　　從羞愧到驕傲，保羅的臉上的笑容頓時展開。

只見校長笑著說：「這是我見過最漂亮的牛仔鞋，保羅，如果你願意的話，讓同伴們好好地見識一下這雙牛仔鞋吧！」

保羅點點頭，孩子們立即排成一列，等待著試穿「牛仔鞋」，其中也包括曾經嘲笑過這雙鞋的奧圖爾。

接下來，每當有人又想試穿的時候，保羅總是得意地說：「我得考慮一下。」

看著保羅由原先的「畏縮」轉變為後來的「驕傲」，我們也看見了「尊重」與「自尊」的重要性。

其實，校長很清楚，只要給保羅腳上的那雙鞋子一個新身份，這個孩子便能換回尊重與自信，那麼讓鞋子換一個不屬於它的新名字，又何妨呢？

在生活當中，你是否也曾經適時扮演過「奧圖爾」？是否也像保羅一樣，受過相同的傷害？

每個人都需要被尊重，包括還不懂事的小朋友；每個人都需要自尊，包括還在學習成長的小朋友。

沒有人不希望得到尊重，就像故事中的保羅與其他小朋友，我們可以相信，其實校長最希望看見的是，孩子們能夠自發地相互尊重，並付出友愛的關懷。

退一步，幸福的空間更寬廣

對人多一點包容絕對有益無害，因為我們每退一步，對方接納與包容我們的心就會更進一步。

莎士比亞曾經寫道：「為了一件小事爭執不休，往往會使這件小事顯得格外重大，甚至會讓你惱羞成怒。」

想要抑制惱怒，就必須擁有一顆寬容的心，當你懂得適時退讓，就不會動輒為了芝麻小事而鬱卒。

退讓，才是解決爭端的最好方法，所以別那麼堅持己見，唯有大家各退一步，讓彼此多一點包容的空間，我們才看得見幸福的天空。

泰德對一位老同事抱怨說：「我老婆最近脾氣好暴躁喔！老是為了一些小事情發脾氣，還經常莫名其妙地罵孩子，她以前不會這樣的。」

同事聽完後，便問：「你們最近有沒有吵架？」

泰德想了想，回答說：「嗯！好像有，我們之前為了裝修房間的事人吵一架，因為，妻子比較沒有色彩概念，所以我希望用我選的顏色，但是，她卻堅持要用另一種顏色，說什麼都不肯讓步。為了房間的美感，我當然也不能讓步，因為她對顏色的判斷

力真的很差！」

　　同事聽到這裡總算找出原因，於是他又問道：「那我問你，如果她今天說，你的辦公室佈置得很差，要幫你重新佈置，你會怎樣？」

　　泰德立即回答說：「當然不行了，這是我的房間，怎麼能讓她決定？」

　　同事安撫著他：「這不就對了嗎？你的辦公室是你的權力範圍，而家裡的一切多數是屬於她的權力範圍，如果要按照你的想法去佈置廚房，她的反應必定和你現在一樣。」

　　同事拍了拍他的肩膀說：「只要有兩個人以上的討論空間，那麼任何人都有否決權，不是嗎？」

　　泰德聽了同事的話，恍然大悟地說：「也對！」

　　這天回到家中，泰德立即對妻子說：「妳喜歡怎麼佈置房間，就怎麼佈置吧！這是妳應有的權力，只要這個家住起來舒服就好，是吧！」

　　妻子忽然聽見泰德這麼說，有點難以置信，吃驚地看著他，於是泰德老實地說出同事的分析，並向老婆說抱歉。

　　就這樣，房間裡的色彩在夫妻倆的討論下，有了最好的結果，最重要的是，這個家終於又重回和樂的氣氛。

　　人們總是喜歡為了小事爭執，為小事鬱卒，不是嗎？

　　在這個本位主義高張的時代，人們很容易起爭執，因為每個人都以個人為主軸，總是認為自己才是最好、最正確的，所以，我們經常看見各持己見的兩個人，站在獨木橋的中間互不退讓，結果以兩敗俱傷收場。

　　只是「退一步」，真的有那麼難嗎？

　　不少人際關係專家都強調：「如果你能從別人的角度多想想，你就不難找到妥善處理問題的方法。」

　　人的情緒很容易受到外在環境影響，也很容易受到小事撩撥，如果你每天都覺得生活不如己意，容易和別人爭執、摩擦，不妨靜下心來仔細檢討癥結究竟何在。

　　當你堅持自己的意見和看法才是正確之時，千萬別忘了站在對方的角度思考一下。

　　其實，不只是夫妻之間的相處，我們日常生活中的待人處事更應當如此，對周遭的人多一點包容絕對有益無害，因為我們每退一步，對方接納與包容我們的心就會更進一步。

互相幫忙就能找到正確的方向

試著問問別人的意見或換個方向思考，你自然能解開心中的結，即使得一刀剪斷，重新開始，那也會是一個最好的開始。

迷失方向的人，最期待的就是有人能及時伸出援手，帶領自己走出迷宮，幫助自己找到正確的人生方向。

然而，這樣幸運的經歷，並不易見，所以不妨主動開口請求支援，並換個方向看，這樣就看見生活的出口了。

適時尋求別人的幫忙，會讓我們更容易找到正確方向，相對的，如果每個人都能夠用愛心對待周圍的人，這個世界一定會變得更美好。

羅莎老夫人雖然雙眼失明，但是在生活上她堅持要靠自己，絕不依賴他人。每天黃昏時分，她都會獨自外出散步，認為這樣不僅能鍛鍊身體，還能呼吸到新鮮空氣，強健體魄。

沿著熟悉的途徑，她利用手杖觸摸四周的物體，讓自己熟悉這些事物的位置，她的辨識能力極強，從未迷路過。

但是，生活中難免會有一些改變和意外狀況，這天她再次出門散步，走到某條必經的小路時，手杖卻觸碰不到熟悉的松樹。

原來，人們已經砍倒了一排她散步時必經的松樹。

失去觸碰式的「指標」，羅莎有點亂了方寸，心想：「怎麼不一樣了呢？這下子可麻煩了。」

她停下了腳步，呼叫著：「有沒有人啊？」

但是，停了幾分鐘，四下仍然安靜無聲，完全沒有人走動的聲音。於是，她又往前走了一兩公里，就在這個時候，她聽見腳底的水流聲。

羅莎驚叫了一聲：「啊！有水？」

她再次停下了腳步，煩惱地猜想：「我恐怕迷路了！我現在一定站在橋面上，底下一定是穿越本郡的運河，這下可糟了，我從來沒來過這裡，要怎樣才能走回家呢？」

突然，在她身後傳來一個男子的問候聲：「太太，您需要幫忙嗎？」

羅莎一聽見身邊有人，立即鬆了一口氣，感激地說：「感謝您啊！好心的人，我散步時迷路了，因為在我熟悉的路上有一排樹不見了，害我找不到回家的路，還好遇見了您，要不然我真不知道要怎麼辦，可以請您帶我回家嗎？」

男子爽朗地回答：「沒問題，請問，您住哪兒？」

羅莎太太把地址告訴了他，也順利地回到了家。

好客的羅莎熱情地邀請恩人進屋，想以咖啡和糕點表示謝意。

但是，這個男子卻說：「別謝我，因為該感謝的人是我。」

羅莎吃驚地問：「你？怎麼會是你呢？」

男子平靜地說：「其實在我遇您之前，我已經在那座橋上站了很久很久。我本來要跳河自殺的，但是，當我看見您需要幫助時，忽然又不想死了，因為我想到一些未完成的事，我不能就這樣放棄。」

羅莎聽了，開心地笑著說：「是嗎？那你也不必謝我，不如

我們一起感謝上帝的巧妙安排吧！」

　　兩個同時「迷失方向」的人，巧合地相遇，也巧合地幫助彼此找到了繼續前進的方向。曾失去方向的你，是不是很羨慕這樣的巧遇與醒悟呢？那麼要怎樣才能有這些巧遇和自救呢？

　　故事中藏了一個提醒：「自己的生活要靠自己爭取，即使能力不足，也別急著退縮，因為在每個人的身邊，都會有一個能與你相輔相成，願意伸手支援你的人，只要你願意開口、尋找。」

　　用微笑代替煩惱，此刻的你，如果心中正纏了一個解不開的結，何不開口請身邊的人幫忙？

　　生活上沒有解決不了的問題，面對大大小小的煩惱，和不同難易程度的麻煩，即使被打了個死結，我們也千萬別糾結其中。

　　試著問問別人的意見或換個方向思考，你自然能解開心中的結，即使情非得已，必須一刀剪斷，重新開始，那也會是一個最好的開始。因為，在這個結上，你已找到了自己的方向。

不要為了一條牙膏吵得不可開交

遇上夫妻吵架嗎？別急著幫他們分析利害或勸說分合，因為他們真正需要的不是我們的偏袒，而他們自己能先冷靜下來。

現代人容易為小事鬱卒，也容易為了小事而發生衝突，最明顯的證據就顯現在節節高昇的離婚率上。

有對幸福夫妻間的對話是這樣的：

老公一進家門，即開心地說：「老婆，我回來了，看見妳真好！」

老婆則立即笑著回應：「老公，看見你回來，我真的很開心！」

這樣幸福甜蜜的互動，如果能出現在每一對夫妻的身上，相信就不會動輒為了一條牙膏之類的瑣事爭吵，離婚率就不會那麼高了。

凱特和妻子是對人人羨慕的夫妻，結婚二十多年來，他們總是為對方著想，甚至為對方做一些必要的讓步。

從事寫作的凱特雖然沒有闖出名堂，但是以他目前的工作情況來看，已經很不錯了，而且他還有太太的幫忙，每次寫完連載的短篇小說後，都會交給老婆打字並寄送稿件，而這份工作對凱

特太太來說，是意義非凡的。

對凱特來說，回家是最重要的時刻，每當擁抱妻子，親吻她的前額時，他總是問她同樣的問題：「親愛的，我不在家的時候，妳會不會很悶？」

體貼的凱特太太，每次的答案都是：「不會啊！家裡有很多事情要忙呢！不過看見你回來，我更加開心！」

向來把自己視爲丈夫最佳拍檔的凱特太太，和丈夫之間的互動，從不曾冷淡過。但是，凱特太太始料不及的是，凱特居然被一個名叫奧爾嘉的女人迷住了，她甚至還要求凱特跟她結婚。

已經被迷得團團轉的凱特心想：「唔！那我得先和老婆離婚啊！這也許很容易辦到，我們結婚二十多年，感覺似乎不再那麼熱烈，也許她已經不愛我了，分開應該不會太痛苦。」

雖然有信心「沒有痛苦」，但是性格軟弱的凱特，仍然不知道要如何開口，最後想到了一個方法。

這天，他把自己和太太的情況，移入虛構故事之中，爲了讓老婆看得明白，刻意引用了只有他們夫婦倆知道的生活互動，並在結尾處讓那對夫妻離婚，也讓離開丈夫的妻子，悠閒地渡過她的餘生。

寫完後，他匆匆地把手稿交給妻子打字，便出門了。

當他晚上回到家中，雖然心中猜測著妻子的反應，但嘴中仍然很公式化地問：「親愛的，我不在家的時候，妳會不會很悶？」

沒想到老婆和平常一樣，平靜地說：「不會啊！家裡有很事情要忙呢！不過看見你回來，我更加開心！」

「難道她沒有看懂？」凱特困惑地想著。

直到第二天，凱特才發現，妻子也用相同的方式與他溝通。因爲，妻子把故事的結局改了：「當丈夫提出這個要求後，他們

決定離婚了。但是，那位依然保持著純眞愛情的妻子，卻在前往南方的途中抑鬱而死。」

看著修改後的結局，凱特吃驚地發現，原來老婆對他的感情竟是這樣的深厚，於是他決定，要和那個外遇的女人一刀兩斷。

「親愛的，我不在家的時候，妳會不會很悶？」當凱米特回到家裡時，溫柔而深情的語氣問道。

只見妻子微笑地說：「不會啊！家裡有很事情要忙呢！不過看見你回來，我更加開心！」

這樣的故事我們都很熟悉，但是這樣的溝通方式，相信我們都是第一次看見。

妻子輕輕地修改了故事的結局，也深深地刻劃下內心的眞情，如此情深義重的「結局」很難不打動人心，不是嗎？

從故事中我們還看見，「冷靜」是妻子成功喚回老公的關鍵，「情深」是她沒有放棄老公的動力，「體貼」則是她贏得圓滿幸福的重要元素，一句「看見你回來，我更加開心」，不僅訴盡了她的無怨無悔，也說盡了共偕白頭的決心。

遇上夫妻吵架嗎？別急著幫他們分析利害或勸說分合，因爲他們眞正需要的不是我們的偏袒，而他們自己能先冷靜下來，好好地想一想：「曾經愛得那麼深刻，怎能爲了一條牙膏而鬧得不可開交，甚至想要離婚呢？」

5.

認真生活，
就不會老是退縮

應該知道自己在做什麼，

無論我們付出多少，

只要每次付出都是用生命去體驗，

就應當好好珍惜。

你也可以成為生活的最佳主角

無論老天爺給予我們多麼艱困的阻礙，只要決心克服它，即使聽不見、看不見，我們也能實現心中的夢想。

人生真正需要的東西不是好運氣，而是積極的生活態度。生活遭逢困境絕不是退縮的藉口，條件不好更不是停滯的理由，如果連一位聾人都能成為最佳女主角，那麼我們就沒有理由埋怨命運不公。

成功當然不會是個偶然，也不是碰運氣的結果，遇到難得機會而備受肯定的瑪莉・麥特琳印證了這一點。

第五十九屆奧斯卡金像獎頒獎典禮進行之時，在激動的氣氛帶動下，典禮一步步地接近高潮。

當主持人宣佈，瑪莉・麥特琳在〈悲憐上帝的女兒〉中表現出色而拿下最佳女主角獎，全場立即響起如雷的掌聲。隨即瑪莉・麥特琳在掌聲和歡呼聲中快步上台，並從威廉・赫特手中接過奧斯卡金像獎座。

看得出來瑪莉・麥特琳十分激動，有很多話要說，只見她扯動了一下嘴角，接著把雙手舉高，開始打起手語。

原來，新科影后不僅無法說話，而且是個聽不見的聾人。

其實，瑪莉剛出生時是一個健康正常的孩子，不過十八個月之後，一場高燒奪走了她的聽覺和說話能力。

但是，這位聾啞女孩對生活卻充滿了熱情。從小就喜歡表演的她，八歲時便加入了聾啞兒童劇院，九歲便正式登台表演。十六歲那年，瑪莉離開了兒童劇院，雖然失去了表演舞台，但她並不氣餒，主動參與各種表演機會，特別是聾啞兒童的慈善義演。

從中，瑪莉更認識到自己生活的價值，努力地克服自卑的心理障礙，並充分地利用這些演出機會，提高自己的表演技巧。

十九歲時，瑪莉終於爭取到舞台劇〈悲憐上帝的女兒〉的表演機會，雖然只是分配到一個小角色，但是這個小角色卻讓她有機會登上大銀幕。

當時，女導演蘭達‧海恩絲決定將〈悲憐上帝的女兒〉拍成電影，四處尋找適當的女主角人選，卻始終都找不到令她滿意的演員，一直到她看完了瑪莉在舞台劇〈悲憐上帝的女兒〉的錄影後，才驚呼道：「就是她了！」

從小角色到女主角，瑪莉也終於實現了心中的夢想，用實力爭取到機會，並再次讓人們肯定她的表演天分。

電影裡，女主角一句台詞也沒有，全靠豐富的眼神、表情和動作來表現心中的矛盾與複雜的內心世界。無論是自卑與不屈的精神，還是喜悅和沮喪的臉龐，瑪莉都表演得入木三分。她用心學習與表現，十分珍惜這個表現機會，對於瑪莉專業的態度，與她合作過的伙伴無不稱讚。

就這樣，瑪莉‧麥特琳真的成功了，成為美國電影史上第一位聾啞影后的她，最後一個手語想表達的是：「我的成功，相信對任何人，不管是正常人，還是殘疾人士，都會是一種鼓勵。」

　　無論老天爺給予我們多麼艱困的阻礙，只要決心克服它，即使聽不見、看不見，我們也能實現心中的夢想。

　　面對乖舛的命運，瑪莉從不認命，即使只是個小女孩，她也知道，認真與執著是成功的不二法門。看著她從兒童表演劇團裡確定自己的人生方向，到積極地實踐心中夢想，我們也再次相信「成功絕非偶然」。

　　在瑪莉的手語裡還告訴我們：「我都成功了，你為什麼不能？機會就在你手中，為什麼要輕易放棄？堅持真有那麼難嗎？快站起來吧！」

　　未來要靠我們自己去拓展，絕佳機會也需要積極的行動力來配合。只要你願意再認真一些、積極一些，也可以成為生活中的最佳主角！

給自己一個積極前進的好理由

面對阻礙，有些人會激勵自己越挫越勇，不達目標絕不放棄；另一些人則一遇阻礙便急著退縮，而且總有許多理由解釋推託。

生活的確需要很多理由，只是大多數人的理由不是用來鼓勵自己，而是為自己找退縮、放棄的藉口。

相反的，對於樂觀進取的人來說，好的藉口是用來舒緩壓力與反省失敗的方法，好的理由則是他們勇敢前進的最佳助力。

遇見困難時，你會給自己什麼樣的理由？

從小就熱愛音樂的小約翰史特勞斯，一直在充滿阻力的音樂路上前進，雖然他的父親也是從事樂團指揮工作，但卻一點也不支持小約翰史特勞斯，對他來說這是條不歸路，他不希望孩子步入自己的後塵，更不相信孩子會在這個領域闖出什麼名堂，因為他自身的情況可以證明這一切。

但是，熱愛音樂的小約翰史特勞斯卻怎麼也不肯放棄，雖然家庭的阻力很大，可是他一點也不屈服，反而更加積極地朝著自己的夢想目標前進，他堅持：「我只想在自己鍾愛的音樂裡生活，那才叫人生！」

秉持著這份執著，勤奮學習的小約翰史特勞斯，在熱忱與興

趣支持下，迅速地成為樂壇的另一顆新星。

有天，受到各方矚目的小約翰史特勞斯與父親進行比賽，他們各自帶領著樂團出場，最後結果是小約翰史特勞斯獲勝。

第二天，維也納的報紙上刊登了一個斗大的標題：「晚安，老約翰史特勞斯；早安，小約翰史特勞斯！」

這是意指小約翰史特勞斯的父親已經老了，而正值年少的小約翰史特勞斯如朝陽初升，必定會獲得更大的成就。

面對這些的評論，老約翰史特勞斯也不得不承認自己的音樂熱情與成就比不上兒子。

在這場比賽過後，他轉而全力支持兒子的選擇，不斷地鼓勵他：「孩子，你一定能闖出名堂！」

有了家人們的支持，小約翰史特勞斯再也沒有後顧之憂，更加積極努力，接連創作了人們耳熟能詳的〈藍色多瑙河〉、〈維也納森林的故事〉和歌劇〈蝙蝠〉等作品，後人將小約翰史特勞斯這一段輝煌時期稱之為「金色世紀」，還推崇他為「圓舞曲之王」。

歌德曾經寫道：「誰若遊戲人生，他就一事無成，誰若不做自己的主宰，就永遠只能做一個輸家。」

生活中遇到的人際、慾望、工作、心靈……等等問題，與其說是困境，不如說是生命練習題。只要願意放開心胸，用不同的眼光看待事情，換不同的做法解決問題，想要擁有璀璨的未來，其實並沒那麼困難。

當阻力出現時，你是否也能像小約翰史特勞斯一般堅持到底，你是否知道該如何說服否定你的人呢？

　　因為熱情也因為執著，面對重重阻礙，小約翰史特勞斯未曾有過放棄的念頭。為了能實現人生目標，對於家人們的第一重阻力，他只能積極地爭取好成績來證明自己的能力。

　　有付出就一定會有收穫，當小約翰史特勞斯的表現超越了父親，父親這才知道兒子的熱情與天分，也終於知道孩子有著自己的夢想要實現，一如當初自己的築夢過程一般。

　　我們心中都有夢想，希望有一天能排除萬難實踐它，然而面對阻礙的態度，有些人會激勵自己越挫越勇，不達目標絕不放棄；另一些人則是一遇阻礙便急著退縮，而且他們總是有許多理由解釋推託。

　　小約翰史特勞斯勉勵自己奮鬥不懈的理由是：「我的人生除了音樂再無其他，不管什麼阻礙，都不能讓我放棄生命的原動力，少了音樂，我的人生將不再精采！」

　　這是小約翰史特勞斯要求自己積極前進的動力，不知道你給自己繼續前進的理由是否充足呢？

充實好你的能力再上路

在這次表現機會中，如果實力累積不夠反
而讓自己頻出狀況，甚至最後變成出醜，
那麼你錯失的機會將不只這一次！

　　在每一次發揮的機會中，我們有多少能力可以展現，除了我
們自己，沒有人知道。如果明知自己表現不夠好，不如現在就認
真檢視自己，先好好地充實自己的能力後再說吧！

　　人生的機會不多，我們絕對不能輕易地浪費任何一次難得的
機會，每一次上場都務必力求最佳表現。

　　一場大規模音樂會的主持人親自向瑞士鋼琴家塔爾貝格邀約，
希望大師能夠撥出時間蒞臨表演。

　　塔爾貝格微笑問他：「請問演奏會什麼時候舉行？」

　　主持人回答：「下個月一號。」

　　沒想到塔爾貝格聽到後，卻推辭說：「對不起，如此一來練
琴的時間一定不夠，我無法參與這場盛會了。」

　　主持人一聽，不解地問道：「這個……請問，以大師您的造
詣，還需要很多時間練習嗎？」

　　塔爾貝格聽見主持人這樣問，吃驚地回答：「當然要啊！因
為，我想演奏一些新曲目，但是這些新曲目至少需要一個月的練

習時間。」

　　主持人又問：「三天時間不夠嗎？平常的音樂家準備一場演奏會也只要四天左右，像您這樣優秀的音樂家怎麼需要那麼多時間呢？」

　　塔爾貝格搖了搖頭說：「你怎麼會這麼想呢？我每次發表新作品時，至少要練習一千五百次，否則我根本不敢出場表演！我一天大約要練習五十次，所以至少需要一個月的時間。如果你願意等一個月，我就可以答應你出席表演，否則無論你怎麼說，我都會拒絕這次邀約。」

　　因為對演奏的責任感，也因為堅持要讓每一個音符都能完美呈現，所以塔爾貝格堅持一個月的練習時間。

　　對他來說，實力比機會更為重要，也更相信，只要能表現完美，即使表演機會只有一次也已經足夠。

　　這正是大師級的音樂家與普通琴師的不同處。一個只練習幾天的琴師與力求完美表現的音樂家，聽眾一聆聽，一定能輕易分辨其中的不同吧！

　　如果還不知道怎麼樣求得成功，仔細想一想大師在故事中訴說的主旨：「踏實地累積實力，力求完美表現，你的名聲自然會永不墜落。」

　　當你得到表現機會，別忘了，在這次表現機會中，如果實力累積不夠反而讓自己頻出狀況，甚至最後變成出醜，那麼你錯失的機會將不只這　次！

實力是堅持的重要支柱

你可以堅持己見，並在行動後證明自己的
判斷正確，但前提是，你必須為自己的堅
持負責。

你的意見總是得不到別人認同嗎？

其實，不管哪一種組合，講究的都是實力原則。想讓自己的
意見得到認同並不難，只要你的能力能獲得人們的肯定，自然而
然就會表現出積極行動的勇氣，並以十足的信心發表自己的看法。

只要有了信心與勇氣的支持，無論多麼頑固的對手都一定會
被你說服。

生長在軍人家庭的麥克阿瑟，從小便立志成為偉大的軍人。

一九四四年六月，麥克阿瑟擔任太平洋戰區總司令時，美軍
已經完全控制了新幾內亞和馬來西亞群島。就在他們開始研商下
一步的作戰目標時，麥克阿瑟與海軍將領們的意見竟出現了嚴重
分歧。

參謀長聯席會表示：「海軍上將哈爾西建議先繞過菲律賓，
然後攻取台灣，這樣才能早日進攻日本，加快戰爭的進程。」

但是，麥克阿瑟卻說：「不行，我們要先攻取菲律賓。」

雖然麥克阿瑟知道，白宮方面一致傾向繞過菲律賓這個方案，

其中包括總統和陸軍參謀長等人，但是他仍然堅持自己的意見。爭執到最後，甚至有人說他想拿自己的職位來開玩笑。

但是，他認為：「想加速攻取日本根本行不通，繞過菲律賓直接攻取台灣更是軍事戰略上的錯誤！」

當時的太平洋海軍司令尼米茲也贊同大多數人的意見，認為繞過菲律賓進攻台灣的方案較好。

然而，在麥克阿瑟強烈要求下，羅斯福總統不得不親自飛到珍珠港召開緊急會議，當面聽取他的意見。

麥克阿瑟在會議上據理力爭，說道：「不奪取菲律賓，我們就會被日本完全封鎖，結果反而會使菲律賓陷入孤立，如果我們不能立即進攻菲律賓，那不僅會讓美國背黑鍋，更將失去東南亞人民的信任。」

羅斯福、尼米茲和頑固的海軍上將哈爾西等人，最後都被麥克阿瑟說服，尼米茲承認他「莫名其妙地放棄了自己的計劃」，答應全力支持麥克阿瑟所需的運輸補給和海軍支援。

獨排眾議的麥克阿瑟，不僅讓人們相信他的論點，更在這場戰役中充份展露他的軍事才能，最後獲得五星上將殊榮，可說是實至名歸。

凡事能夠堅持己見的人，大多數都很清楚自己的目標。在他們身上，我們不僅看見了他們的樂觀、自信，更會聽見他們深具遠見的計劃。

就像麥克阿瑟將軍展現的典範，只要我們確信自己的判斷無誤，知道自己確實有能力執行計劃，就要勇於爭取機會。因為，機會可能只有一次，錯過了恐怕再也無法取得。

　　凡事都是一體兩面，無論正反，我們都應當細心考量，畢竟每個人只有一個未來。不必問老天爺會給我們什麼樣的明天，只問自己：「我的下一步準備好了沒？這一步我是否能紮紮實實地踏下？」

　　下一步到底該怎麼走，其實並不難選擇，就怕我們根本不知道該往何處去。

　　所以，你應該做的第一件事是認清自己未來的方向。

　　從小立志成為軍人的麥克阿瑟明確地告訴我們：「你可以堅持己見，並在行動後證明自己的判斷正確，但前提是，你必須為自己的堅持負責，絕不能有任何偏差與失誤。」

認真生活，就不會老是退縮

應該知道自己在做什麼，無論我們付出多少，只要每次付出都是用生命去體驗，就應當好好珍惜。

眞理不一定適用於每一個人和每一件事，無論聽見多麼權威的說法，我們都必須帶著懷疑的態度審愼求證。因爲，就算是頂尖的專家，也會有誤判的時候，我們若一味跟隨而不深入思索，就得承擔最後的結果。

別把權威當靠山，人生中最好的靠山，始終是我們自己，只要樂觀以對，我們就不會老是選擇退縮。

在百老匯的社會圖書館裡，詩人愛默生的演講激勵了年輕的惠特曼：「誰說我們沒有自己的詩篇？我們的詩人文豪就在這裡啊！」

文學大師這一席慷慨激昂的演講，令台下的惠特曼激動不已。此刻，他的體內熱血沸騰，腦海中好似有一股力量正在升溫：「對！我要走進各個領域、各個階層和各種不同的生活中，我要傾聽人地與人民的心聲，我要創造出不同凡響的詩篇！」

在愛默生激勵下，惠特曼的《草葉集》很快地問世了，這本熱情奔放的詩集，突破了傳統格律的束縛，以全新的形式表達了

民主思想，以及對於民族和社會壓迫的強烈抗議，每一個字都充滿了率真的情感。

《草葉集》的出版讓遠在康科德的愛默生十分激動，高聲歡呼：「誕生了！你們期待的美國詩人已經誕生了！」

愛默生給這些詩非常高的評價，稱讚這些詩是「屬於美國的詩」，而且是「充滿奇妙的、無法形容的魔力」。

雖然愛默生如此讚揚惠特曼，但在這此之前，突破傳統的《草葉集》其實飽受學院派批評，一些較保守的報社還把它批評得一無是處，後來，因為愛默生的褒揚，各家報刊才換了口氣，轉而推崇這本詩集。

不過，由於表現手法太過前衛，讀者們一時間還無法接受，第一版的《草葉集》並未因愛默生的讚揚而暢銷。

但是，惠特曼卻從此增添了無比的信心和勇氣，一八五五年底詩集再版，裡面還收錄了二十首新完成的詩歌。

一八六〇年，惠特曼準備印行第三版《草葉集》時，決定再將新作品補上。但是這一次愛默生卻勸阻惠特曼：「你應該刪除其中幾首關於『性』的詩歌，否則第三版不容易暢銷。」

惠特曼不以為然地問道：「為什麼？刪了這幾首詩就會是好書嗎？」

愛默生婉轉地向他解釋說：「我的意思是說，它還是本好書，只是，刪了會變得更好！」

執著的惠特曼卻堅持不讓步，他搖頭說：「我的靈魂從來不會服從於任何束縛，它們只想走自己的道路。《草葉集》裡的任何一首詩都不應該被刪改，我要任由它自己繁榮或枯萎！」

「我認為，世上最差的書就是那些被刪改過的書，因為刪改意味著向世俗投降……」惠特曼堅定地說。

第三版《草葉集》刊印了，而且一上架便被搶購一空。不久，它還跨越了國界，被翻譯成各種不同的語言，在世界各地流傳。

因為惠特曼的堅持，我們今天才能讀到如此精采且發人深省的詩集。

其實，詩人是很感性的，無論是對社會還是個人，他們總是不吝於付出關懷，他們十分執著於生命價值的尊重與個人靈性的發展，所以惠特曼對於自己孕育的詩文會這麼堅持。

換個角度看，正因為惠特曼認真、負責地生活著，所以對於生活中感悟到的隻字片語會如此堅持，我們面對自己的工作和生活中的一切，是否也能像惠特曼一般擇善固執？

如果還不能，是否意味著我們根本沒有認真生活，所以習慣退縮，對手中的一切輕易放手呢？

「你應該知道自己在做什麼，更應該知道自己擁有什麼。無論我們付出多少，只要每次付出都是用生命去體驗，就應當好好珍惜。」這是惠特曼在故事中給予我們積極的人生觀。

是的，人生不能一味退縮，只要生活中每一步都踏得深刻，無論風雨多大，也不能抹滅我們走過的足跡。

專注是最重要的生活態度

只要從前人的日常生活中去找尋，我們便能輕易地發現成功的方法和技巧，然後應用到我們的日常生活中。

其實，和一般人的遭遇相比，名人的故事同樣平淡無奇，然而，他們的經歷為什麼能不受時空限制不斷地啟發我們？

原因無他，因為再平凡的事情發生在他們身上，他們依舊能創造出前所未有的奇蹟，並從小事情中展露出連他們自己都想像不到的潛能。

從小，愛因斯坦就是個喜歡動手動腦的孩子，遇到新奇的事物就會反覆研究，得出自己想要的結果。

五歲生日那天，父親送給他一個羅盤。自從有了這個羅盤之後，愛因斯坦開始沈迷在羅盤的世界裡，也因為太過投入了，小小年紀居然出現了精神恍惚、沉默不語的研究慣性，父母親還一度以為他生了什麼怪病呢！

上小學後，愛因斯坦便對美勞課程特別感興趣，也非常用心創作。

有一天，老師教導學生利用廢棄的材料來製作自己最喜歡的物品。只見孩子們拿出各式各樣的材料，有破布、黏土和蠟燭等

等開始構思；在孩子們的巧思下，黏土很快地便變成了漂亮的雞鴨，破布也變成了小狗，蠟燭則變成了可愛的水果……

「愛因斯坦，你的呢？」老師微笑地看著小愛因斯坦。

愛因斯坦的小手輕輕地捧著作品到老師面前，是個小板凳，老師低頭一看，居然差點笑出聲來。

儘管愛因斯坦很喜歡美勞課，但是小手仍嫌不夠靈巧，作品還是有些粗糙。看著這個簡陋的小板凳，老師笑著說：「嗯，我想世界上再也沒有比這個還糟糕的小板凳吧！」

孩子們聽見老師這麼說，忍不住哄堂大笑起來。

然而，就在笑聲中，愛因斯坦卻大聲地說：「錯！還有兩個比它還要醜！」

小愛因斯坦跑回坐位，從抽屜裡拿出另外兩個小板凳，對老師說道：「你看，這兩個是不是更醜？這個是我第一次做的，這個是第二次做的，你手上的那個是第三個，雖然還不是最好的，但是它比這兩個還要好一些。」

老師驚訝地看著小愛因斯坦，接著仔細地看著他手中的三個小板凳，笑容再次展現，點著頭說：「這孩子真是可愛啊！」

小小的板凳表現出來的，不只是愛因斯坦可愛的童真，還有他自小就展現出的鍥而不捨的精神，以及勇於面對自己缺點的誠實態度。

追求完美的愛因斯坦，小小年紀便知道只要努力不懈就一定會有成果，雖然第三個小板凳未盡完美，但是只要時間充裕，自己一定能創作出完美的作品，就是因為秉持著這樣的精神，才有日後的輝煌成就。

　　只要從前人的日常生活中去找尋，我們便能輕易地發現成功的方法和技巧。例如，愛因斯坦投入羅盤世界裡的專注，創作小板凳時的認真執著，都是我們應該學習的生活態度。

　　除此之外，不知道你還得到了什麼啓發？

　　成功和景氣、運氣沒有必然關係，細心體會名人面對事情的態度，然後應用到我們的日常生活中，下一個創造傳奇的人或許是你！

你可以開開心心做自己

沒有人需要自卑，更沒有人應該受人否定。無論是外貌美醜或是人生成就高低，我們都不必受制於別人的批評。

　　我們要努力地保有自己的個性，因為，一旦失去了自我，不管我們怎麼模仿別人，都是一個隨手可拋的複製品。

　　雖然想「好好地做自己」並不容易，但是只要我們不再介意別人的眼光，多給自己一點信心，就會發現，原來自己行動的勇氣是那樣的強勁，況且，相信自己的能力也比期待別人的認同來得實際。

　　伊苔絲的個性十分內向，對自己更是充滿自卑感，每當站在鏡子前面，總是惱怒地想著：「我怎麼看起來這麼胖？」

　　她的母親經常這麼斥責她：「伊苔絲，衣服別老是穿得那麼窄，寬一點的衣服比較舒服啊！」

　　雖然母親不認同女兒的審美觀，然而伊苔絲卻從不聽勸，一旦被迫穿上寬衣服，便不會踏出房門一步，因為她總是煩惱著：「穿這件衣服我看起來更胖了，我才不要和同學們玩，我一定會被笑！」

　　因此，伊苔絲從不和其他孩子們一起活動。

　　非常害羞的她甚至覺得，自己和其他人都「不一樣」，自己是個不討人喜歡的女孩。

　　從小便自卑的伊苔絲，長大之後也不見好轉。後來，她嫁給一位比她大好幾歲的丈夫，但是她的性格卻仍未改變。

　　儘管夫家上下對她十分疼愛，伊苔絲始終都很沒自信，但是為了不讓丈夫失望，不得不鼓起勇氣參與各種宴會。為了維護丈夫的面子，她只得強顏歡笑，只是這樣虛情假意的表現，讓伊苔絲感到厭煩。

　　「我到底在做什麼？為什麼我要活得這麼不開心呢？」每一次宴會結束後，伊苔絲都煩躁地質問自己。

　　由於情況越來越嚴重，伊苔絲竟然有了輕生的念頭，因為她一直覺得自己表現很差，根本是個沒有價值的人。

　　這天，伊苔絲坐在花園裡看著天空，婆婆正巧走了出來，婆媳兩個人就這麼坐在花園裡聊天。

　　伊苔絲問婆婆：「媽，您是怎麼教育孩子的，為什麼他們總是這樣開心且充滿自信呢？」

　　婆婆笑著說：「沒什麼特別辦法啊！我對他們只有一個要求，盡力做自己就好，盡力表現出自己的特色就夠了。」

　　「盡力做自己！」伊苔絲的腦海中不斷地重複著這句話，因為這是她第一次聽見對自己的鼓勵。

　　就在那一剎那間，她發現：「為什麼我會活得這樣辛苦？原來，我從來都沒有盡力表現自己，我根本是活在一個空殼裡，也一直處在不適合自己的環境中，不知改變生活啊！」

　　伊苔絲看著天空，忍不住喃喃地說道：「是啊，我應該有自己的特色才是，我應該會有優點，我想我一定有和別人不同的地方！」

「妳當然有！」婆婆微笑地鼓勵她。

　　一定有許多人和伊苔絲一般，因為充滿了自卑的心理，以致於耳邊不斷地聽見否定的聲音。只是，他們很少發覺，這些否定從來都不是發自於別人的嘴巴，反而大多數來自於他們自己。

　　他們經常會對自己說「我不行」或是「我會失敗」，所以他們根本不必敵人出手攻擊，早就被自己打倒在地。

　　「不必管別人如何看待，你只要好好地做自己，表現出自己的特色就對了！」這不只是故事中婆婆教育孩子的方法，也是她刻意給予伊苔絲的勉勵，更是她想與我們分享的生活態度。

　　沒有人需要自卑，更沒有人應該受人否定。無論是外貌美醜或是人生成就高低，我們都不必受制於別人的批評。

　　日子是我們自己在過，如果不能面對自己，老是受困於別人的眼光，想擁有開心的生活恐怕比登天還難。

　　不要盲目地跟從別人的希望與要求，勇敢地走出自己想走的路，讓每一個笑聲都能發自內心，讓原本的自己充分表現出來。

　　那麼，我們抬頭看見的都必定是寬廣的藍天，更是一個完全屬於我們，自在悠遊的天空。

用盡蠻力，不如花點腦力

凡事無須固執，也不要直線思考解決問題
的方法，如何找出最好的招數反將對手一
軍，這才是生活應當學習的課題。

你曾經玩過不倒翁嗎？當你猛力地打倒不倒翁之後，它是不
是反而更加迅速地站了起來？

其實，不倒翁的原理正是成功之道。蠻力根本解決不了問題，
面對著永不躺下的不倒翁，我們也明白了「力敵始終不如智取」。

有天，和珅向乾隆皇上了一份奏折：「劉墉私吞八旗公款，
在山東修建了一座比御花園還要氣派的庭園，請皇上明察。」

乾隆皇一聽，皺著眉說道：「是嗎？擒賊要拿贓，你可有證
據？」

其實，和珅所得到的只是空穴來風的傳聞，只好命人暗中監
視，希望能早點抓到劉墉的把柄。

只是，證據還未拿到，和珅參奏一事便傳進劉墉耳裡。聽聞
此事的劉墉憤憤不平地思索著：「這傢伙居然胡亂告御狀，好，
我就送你一個『證據』。」

幾天之後，探子從劉墉家的後門發現了一隊騾子，背上馱著
一包包大袋，一行人悄悄地往東直門前進。

　　探子見狀立即回報，而和珅一聽，連忙下令：「眞是天助我也，你們快把他們押回來。」

　　第二天早朝，和珅將早已擬好的奏折呈上，皇上看後臉色登時大變：「劉墉，你居然這麼大膽，竟敢偷運大批官銀回山東建造庭園？」

　　劉墉看見皇上震怒，立即跪了下來，接著卻十分冷靜地說：「請皇上息怒，這隊騾子的確馱了二十萬兩白銀，但是那是我多年來存下的俸祿，其中還有幾位大臣的捐款，是要送往山東賑災的，裡頭還有收據，如果皇上不相信，不妨當面清點。」

　　乾隆見劉墉說得合情合理，便答應了，於是和珅命人將幾十個袋子全呈上殿，接著便在乾隆的面前打開。

　　「這……皇上……」

　　只見和珅與劉墉的臉上同時現出「大吃一驚」的模樣，因為袋子裡倒出來的全是破碎的磚瓦，連個碎銀子的影兒都沒有。

　　劉墉立即焦急地對皇上說：「皇上，那二十萬兩白銀可是賑災的救命錢啊！如今被人換成了磚頭瓦塊，這該如何是好！和珅大人怎麼可以這樣做？求皇上做主，替微臣討回公道啊！」

　　原本相信和珅的乾隆皇帝，這會兒也有些下不了台，大聲斥喝著：「大膽和珅，竟敢指使家丁攔截賑款，這與盜匪無異，理應治罪。不過，姑念你平日勤於政事，免予責罰，但是你們劫取的銀兩要立即交出，另外再罰款二十萬兩賑濟災民。」

　　若從人性角度裡來評斷這件民間流傳的軼事，多數人只會驚嘆於劉墉心機深沈；然而，若從解決危機的角度來評析，我們不得不承認大多數狡猾的人都是「聰明人」，深諳處世之道。

　　就像故事裡與和珅鬥智的劉墉，並沒有使用蠻力，更沒有任由和珅欺壓，無論面對怎樣狡詐的競爭對手，劉墉總是能充分展現出成功者的冷靜與機智。這都是經常失手的「老實人」所缺乏的處事機智。

　　從歷史故事中走出來，現實生活裡我們待人接物時應保有堅持與柔軟度，凡事無須固執，也不要直線思考解決問題的方法，冷靜地想一想如何找出最好的招數反將對手一軍，這才是生活應當學習的課題。

6.
凡事全力以赴，
好運自然眷顧

想要有出頭的機會，

光是能力強是不夠的，

也必須要有表現的機會，

不排斥做分外工作，

或許就能在無形中替自己創造好運。

只要轉換情緒，就能戰勝恐懼

很多事情剛開始面對之時，難免會讓人感到不安。只要能轉換害怕的情緒，用好奇和希望面對一切，就能驅除心中的恐懼。

　　害怕是人類最普遍的感覺，任何人都免不了有恐懼的時候。它可能來自過去不好的回憶、周遭環境，或者由自己的內心衍生製造出來。

　　當恐懼愈甚，危機也愈近。

　　相反地，只要我們能改變想法，妥善運用「害怕」，反而能將這種畏懼的心情轉化成為一種行動的助力。

　　因為「害怕」，讓我們行事多一分謹慎；因為「害怕」，讓我們選擇「專心在工作上」來忘掉恐懼心理。

　　傳說拉比阿基瓦是一個貧苦的牧羊人，在他四十歲之前，從來沒有接受過教育，四十歲之後才開始學習之路，但後來卻成了最偉大的猶太學者之一。

　　在他與富有的卡爾巴‧撒弗阿的女兒結婚之後，新婚妻子催促他到耶路撒冷學習《律法書》。

　　他對妻子說：「我都四十了，還能有什麼成就？現在要我去讀書，只會換來大家的嘲弄，他們一定會說我不自量力，一把年

紀還能讀什麼書？」

　　妻子說：「跟我來，我讓你看點東西，不過，你要先幫我牽來一頭背部受傷的驢子。」看到阿基瓦如此沒自信，妻子決定用個方法鼓勵他。

　　阿基瓦把驢子牽來後，妻子就用灰土和草藥敷在驢子的傷背上，土乾了之後呈現一個怪異的形狀，就像背上多了個鳥巢，讓驢子看起來非常滑稽。

　　之後，妻子帶著阿基瓦，一同把這頭怪模怪樣的驢子牽到市場上，每個人都指著驢子的背哈哈大笑。

　　第二天，夫妻兩人又帶著驢子上市場，當然還是換來人們的大笑。到了第三天，所有人都已見怪不怪，再也沒有人指著驢子發笑了。

　　「去學習《律法書》吧，」阿基瓦的妻子說：「今天人們也許會嘲笑你，明天他們可能還會再笑話你，但是到了後天，他們就會改口說：『他就是那樣，沒什麼好講的』。」

　　阿基瓦的妻子如此做的用意，就是希望他能明白，就算四十歲才開始學習，會讓人看笑話，也不用因為害怕被嘲弄而放棄學習的機會。

　　因為，人是健忘的動物，到了第三天就不會再嘲笑了。

　　美國第二十六任總統羅斯福曾說過：「很多事我起初都很害怕，可是我假裝不害怕去做，慢慢地，我就真的不害怕了。」

　　很多事情剛開始面對之時，難免會讓人感到不安與惶恐，沒有勇氣面對，忍不住想要逃避。

　　但是只要有個開始，試著面對它之後，就會慢慢克服一切，

　　甚至開始喜歡它，樂於主動接近它，希望發現它更美好的一面。

　　沒有人永遠「不會害怕」，只是我們常常讓害怕佔據整個心思，使得自己失去面對的勇氣。

　　只要能轉換害怕的情緒，用對事物的好奇、熱心、期待和希望面對一切，就能驅除心中的不安和恐懼。

絕不鬆懈，才能加入成功行列

抵達終點之前的努力奮鬥，往往是致勝的一擊。我們可以擁有自信，可以享受勝利的喜悅，但是請先通過終點再說！

大文豪莎士比亞曾經說過：「一件事情開始以後，直到贏得一切之前，不應中途棄置。」

有百分之七十五的失敗，往往只差臨門一腳就會踏入成功之門。常有人因為無法堅持到最後一刻，最後導致失敗。

在這之中，不乏因為輕敵而讓人趁勝追擊的例子。

一個聰明的人，懂得利用對手的疏忽，來為自己贏取勝利的機會。所以，在比賽結束之前，都不該讓自己鬆懈。

一九八八年奧運在韓國首爾舉辦，游泳競賽項目男子一百公尺蝶式決賽正如火如荼地展開。

領先的是美國泳壇名將馬特‧比昂迪，他已經把其他選手拋在身後，正奮力朝終點衝刺。觀眾席上群眾瘋狂揮動的雙手似乎也表示，他將是這場比賽的冠軍，穩操勝券。

抵達終點後，比昂迪從水中抬出頭來，舉起雙手，想慶祝自己獲得第一的榮耀。但是，大螢幕上還沒打出成績，整個賽場一片寂靜。

　　幾秒後，成績出來了，觀眾都發出不可思議的驚嘆聲，原來一個名叫安東尼‧內斯蒂，來自蘇利南的選手，以○‧○一秒的些微差距戰勝比昂迪，獲得男子一百公尺蝶式的冠軍！

　　但在比賽之前，根本沒人注意過這個來自蘇利南的選手，甚至不知道這個國家。

　　爲什麼會有這出人意料的結果呢？透過慢動作畫面重播，可以清楚看到在衝向終點的一刹那，比昂迪並沒有保持蝶泳的狀態，僅僅靠著游動中身體的慣性，滑到了終點。

　　同一刻，來自蘇利南的選手內斯蒂始終保持蝶泳的最佳姿態，全力衝向終點，甚至差點撞到前面的牆壁。正因爲這樣，他在最後的關鍵時刻，超過比昂迪，第一個到達終點，成了這次比賽的最大冷門。

　　內斯蒂奪得金牌後，不僅震驚了奧運會內外的游泳行家，也撼動了他的國人，蘇利南政府宣布全國放假一天，隆重迎接凱旋而歸的內斯蒂。

　　他是自一九六○年蘇利南參加奧運會以來，第一位獲得冠軍的運動員。也是在游泳比賽中第一個獲得冠軍的黑人選手。

　　這次比賽也被人們稱之爲「○‧○一秒的奇蹟」。

　　美國作家海爾曼說：「有一天，當你發現眼前的境遇都是自己造成的，而非源於意外、時間或命運，那是多麼悲哀的事。」

　　確實，一個人現在面對人事物的心態，將會決定自己的未來究竟是什麼模樣。相對的，只要願意做一些改變，人生也會隨著出現微妙的變化。

　　馬特‧比昂迪之所以失敗，是因爲他認爲自己一定可以拿下

第一，而在最後關頭鬆懈自己前進的速度。

　　抵達終點之前的努力奮鬥，往往是致勝的一擊。安東尼・內斯蒂就是秉持著堅持到底的奮戰精神，即使落後仍然全力衝刺，讓他以「○・○一秒」的微小差距戰勝對手。

　　很多電影或漫畫中常常出現一個場面，主角將敵人打倒在地後，瀟灑地轉身，準備迎接勝利的歡呼時，敵人突然清醒，從後面偷襲。雖然最後的結局，主角還是會獲勝，但是往往成為傷痕累累的英雄。

　　我們並非戲劇中的英雄，現實的狀況是殘酷的。我們可以擁有自信，但不代表可以輕忽對手，我們可以享受勝利的喜悅，但是請先通過終點再說！

　　想贏得最終的勝利，一直到比賽結束之前都不可放鬆意志，如此得到的成功才算是真實、可靠的。

先退一小步，才能向前邁步

與其直接指出對方的不是，倒不如站在他的立場為他著想，你也就能順利達到目的了，想要前進一大步，不如先退一小步。

人與人之間，難免會有紛爭、意見不合的時候。不管對方有多麼無知、不講理，只要一動怒，場面就很難收拾，而且也不一定能解決問題。

每個人都有脾氣，每個人也可以大嗓門用氣勢壓過別人，但是這樣真的有用嗎？

最後的結果，大概就是鬧得兩邊都不愉快。

有句話是這樣說的：「對待敵人最好的辦法，就是用仁慈來殺死他們。」

只有先後退一小步，才能前進一大步。

瓊斯先生是一家啤酒廠的經營者，某間公司的採購員克勞恩，欠了瓊斯先生一千美元的啤酒款，許久都沒還。

有一次，克勞恩來到啤酒銷售部，對瓊斯先生大發脾氣，抱怨他出售的啤酒品質愈來愈差，地方上罵聲一片，人們都不願再買他們的啤酒。最後，克勞恩竟說出自己欠的那一千美元錢也不打算付了，因為出售的啤酒品質一直都不好，他任職的公司也表

示不再購買啤酒。

　　瓊斯先生壓住滿腔怒火，仔細聽完克勞恩的嘮叨後，禮貌地向克勞恩賠不是，表示啤酒品質確實有不盡人意之處，最後說：「對你的意見，我會儘快向廠內反映。至於你欠的那一千美元啤酒錢就不用付了，只能怪我們的啤酒一直不爭氣！因此日後你們公司和你本人不再買我們的啤酒，是你們的自由。如果你願意，我可以為你介紹另外兩家有名的啤酒廠……」

　　瓊斯先生這一番話，出乎克勞恩意料之外。欠帳還錢本是理所當然，克勞恩的本意就是不想付自己欠下的一千美元，才以啤酒品質不好為藉口，試圖堵住瓊斯先生的嘴。

　　然而，瓊斯先生並沒有正面反駁克勞恩，反而用巧妙的迂迴戰術，假裝虛心承認，並接受克勞恩的意見，待克勞思發洩完後，即刻展開攻勢，用誠摯的話語，向對方表明啤酒廠的立場。

　　克勞恩最後被瓊斯先生的誠意和坦率征服了，不但繼續到啤酒廠為公司購買啤酒，還向另外幾家公司推薦瓊斯先生啤酒廠的啤酒。

　　受到不合理的指責時，就算感到委屈，也別急著辯解或動怒。應該先釐清事情的狀況，了解對方這樣做的動機，再決定要用什麼樣的方法來處理。

　　瓊斯先生的做法，就是「以退為進」、「以柔克剛」，利用說話的技巧喚起對方的良知，讓他自知理虧，甚至打從心底尊敬自己。

　　當一個拳頭舉起來時，我們不應該拿另一個拳頭與它碰撞，也不應該轉身逃跑，而是想辦法化解對方的戾氣，讓他鬆開拳頭、

放下手。

通常愈是蠻橫的人，愈無法和他「講道理」。與其直接指出對方的不是，倒不如站在他的立場為他著想，讓他感受到你的善意而軟化態度，你也就能順利達到目的了，想要前進一大步，不如先退一小步。

就好像柔道之神三船久藏說的：「力量較小的一方，可以打倒力量較大的一方，這就是柔道的真義。」

不怕犯錯，只怕不能從中改過

當錯誤發生時，別急著怒罵、指責，不如藉此「機會教育」，少批評、多引導，方能確實達到改善的目的。

有幾個從事教育工作的朋友，每次和他們聊天時難免都會感慨現代的孩子和當年差別好大。過去，老師的話就等於聖旨，孩子哪敢和師長們大小聲？

有人嘆道：「小孩子還是需要打，只有痛過之後，才會眞正記取教訓。」

眾人雖然認同，內心卻有一種複雜的感覺。在傳統教育下，最害怕的就是犯錯，哪怕只是一點小錯誤，甚至莫名其妙的理由，也會換來一頓修理。

不可否認的，許多做人處事的道理，就在痛過之後牢牢記住。可是，在打罵教育的成長過程中，自信心也這樣被打掉了。

打罵眞的是好的教育方式嗎？

史蒂芬・葛雷是個科學家，對醫學也有重大的貢獻。有個報社記者採訪他，想知道他爲什麼會比一般人更有創造力，是什麼因素讓他超乎凡人？他將這份成就歸功於小時候母親的生活教育和經驗。

史蒂芬年紀尚幼時，有一次從冰箱裡拿出一瓶牛奶，結果失手把瓶子掉在地上，牛奶濺得滿地都是。

他的母親來到廚房，看到這個情形並沒有對他大呼小叫，反而說：「哇，你製造的混亂還真棒！我幾乎沒看過這麼大的奶水坑。反正已經這樣了，在我們清理它以前，你要不要在牛奶中玩幾分鐘啊？」

史蒂芬真的坐在滿是牛奶的地上玩了起來。

幾分鐘後，他的母親說：「你知道，當你製造這樣的混亂時，最好的處理方式就是把它清理乾淨，做到物歸原處。現在，你想這麼做了嗎？我們可以用一塊海綿、一條毛巾，或者一支拖把。你比較喜歡哪一種呢？」

他選了海綿，然後他們一起清理地上的牛奶，在吸飽海綿的「遊戲」中，史蒂芬玩得不亦樂乎。

接著，他的母親又說：「你已經從用兩隻小手拿大牛奶瓶的實驗上得到失敗的經驗。現在，讓我們到後院去，把瓶子裝滿水，看看你是否可以用另一種方式拿得動它。」

在反覆的試驗中，史蒂芬學到了，如果他用雙手抓住瓶子上端接近瓶嘴的地方就可以穩穩拿住它。

這是一堂很棒的課。這位科學家說，那一刻他知道他不必害怕錯誤。除此之外，他還學到，錯誤只是學習新東西的機會；科學實驗也是如此，即使實驗失敗，還是會從中學到有價值的東西。

如果一個人因為害怕犯錯而不敢嘗試新事物，就很難有突出的表現。史蒂芬的成就，歸功於他有一位有耐性、觀念新穎且正確的母親。這也讓人聯想到之前一則有趣的新聞。

荷蘭運輸部官員曾廣邀不良少年極盡所能破壞地鐵的設施。他們讓少年拆毀新地鐵車廂內的座椅及其他設備，以了解新地鐵設備中，有哪些部分是需要加強改善的，儘量做到足以抵擋惡意破壞之後，才打算上路通車。

這種新穎的測試方法，除了讓人大開眼界外，也讓人了解到，最有效的學習，是從錯誤中汲取而來。

想要有所成就，便不能害怕犯錯。並且，當錯誤發生時，別急著怒罵、指責，既然事實已經造成，不如藉此「機會教育」，少批評、多引導，既不會傷害他人的自尊，又能確實達到改善的目的。

若每一個靈魂都能在引導式的教育下成長，相信會減少許多不必要的傷害，甚至啟發出一個未來的大人物。

凡事全力以赴，好運自然眷顧

想要有出頭的機會，光是能力強是不夠的，
也必須要有表現的機會，不排斥做分外工
作，或許就能在無形中替自己創造好運。

有句話是這樣說的：「當你要請人幫忙之時，找個最忙碌的
人。」

或許你會感到疑惑，要請人幫忙不是要找個「有空」的人嗎？
在理論上的確如此，可是實際上卻有應當考量的層面。

為什麼當大家都在忙碌的時候，卻有人特別空閒呢？原因有
幾種：一、他的能力很好，事情一下子就忙完了；二、他在摸魚，
將工作推給他人；三、他把事情草草做完，所以有空下來的時間。

很可惜的是，很多有「空閒」的人都屬於後兩者。

不過，多數人不會有「空閒」的時間，只有剛剛好把事情完
成的空間。因此，不突出、不特別的「普通人」特別多。

如果你是個「普通人」，能力尚可，又想擺脫這樣的身分，
獲得更好的機遇，受上司垂青的話，該怎麼做才好呢？

那就是：做自己分外的工作。

馬克道尼爾是一間肥料工廠的速記員，在一個懶惰的主管底
下做事，那主管總是把所有事情都丟給底下的職員，自己不聞不

問。主管覺得馬克道尼爾是一個可以任意使喚的人，某次便叫他代替自己編一本阿穆耳先生住歐洲時使用的密碼電報書。

馬克道尼爾接下這個繁雜的工作後，不像一般人編電碼一樣，隨便用幾張紙簡單列出來，而是編成一本小小的筆記本，用打字機很清楚地編排出來，然後再用膠裝訂好。

做好之後，主管便將筆記本交給阿穆耳先生。

「這大概不是你做的吧？」阿穆耳先生看了一下，冷冷地問。

「不……是……」那主管顫慄地回答。

「你叫他到我的辦公室一趟。」阿穆耳先生揮揮手，要主管離開。

在主管責備告誡後，馬克道尼爾戰戰兢兢進入辦公室。

阿穆耳打量了馬克道尼爾一會兒，才開口說：「小夥子，你怎麼把我的電報做成這個樣子？」

「我想這樣你用起來會方便些。」馬克道尼爾照實回答。

幾天過後，馬克道尼爾便坐在辦公室前面的一張桌子，擔任阿穆耳先生的助理；再過些時候，他便取代以前那個懶惰主管的職位了。

就這樣，馬克道尼爾由一個速記員成為肥料工廠的廠長。

馬克道尼爾之所以能從一個速記員爬升到廠長職位，是因為他接受分外的工作，並且用心做好它，才讓主管有認識他的機會。

很多人對於「分外」的工作非常排斥，總認為「那又不是我的事」，就算是舉手之勞也不願意去做。

的確，現代人比較懂得說「不」。但是，在這個知識普及、競爭激烈的時代，想要有出頭的機會，光是能力強是不夠的，還

必須要有表現的機會。

　　凡事全力以赴，自然會有好運眷顧。這並不是要你做得要死要活，累得不成人樣，而是要懂得把握表現的機會，不排斥做分外工作，並且努力將它做好，這麼一來或許就能在無形中替自己創造好的機運。

專一，才能創造成功的契機

想要獲得成功，便得選擇一條屬於自己的道路，專心一致地走下去，成功就在不遠處等著你。

德國作曲家華格納說過：「一個人不能同時騎兩匹馬，只要騎上這匹，就要放棄另外一匹，聰明人會把一切分散精力的要求放在一邊，只要專心認真地學一門，並且要把它學好。」

成功的秘訣有很多，但無論如何都脫不了「專心」二字。國際知名導演李安也曾經描述自己就像「參賽的馬，眼睛兩側蒙著黑布，專心向前看著目標，然後全力向前奔馳」。

確實，當你確定了一個目標，只要心無旁騖，只管奮力往前衝刺，就能跑得比別人快。

波廉從父親手中接下麵包店時，就暗自下了一個決定：要走出一條與別人不同的經營方式。

當時，所有麵包店都努力研發新口味來吸引顧客，他卻決定不做新口味麵包，而是找回幾乎已被人們遺忘的傳統口味麵包。

波廉花了兩年時間，親自登門請教了一萬多個老烘焙師傅，嚐過七十五種從沒吃過的麵包，經過這段長期研究，波廉發現以前的法國麵包是黑麵包，而不是現在人們熟悉的白麵包。

波廉解釋道：「傳統的黑麵色大都是窮苦人家吃的，在二次大戰後幾乎銷聲匿跡。而來自外地的白麵包，象徵有錢及自由，於是成為新寵。」

基於民族情感和市場定位，波廉決定不做白麵包，將全部精力投入製造復古口味的黑麵包。

波廉說：「三種相同的原料就能做出千種以上不同的麵包，這是因為水與麵粉混合的比例、生產地氣候、發酵時間，甚至烤爐設計及燃料來源，都會影響麵包的味道。」

因此，波廉堅持用磚及黏土製造的烤爐，而且燃料一定要用木材。他發現唯有採用這種方式，生產出來的麵包，即使經過加溫食用也能保持原味。

因為各地條件不一定能完全配合，波廉並沒有在全球各地開分店。為了將麵包行銷到世界各地，波廉將麵包廠設在巴黎機場附近，利用機場旁的聯邦快遞轉運中心，及時將麵包送到世界各地。

波廉的麵包顧客滿天下，受到全世界人們的喜愛。

波廉還將研究麵包的製作過程寫成一本書。這本書至今仍是法國各地烹飪學校的必備教材之一。

此外，他還有一間專門收集各種有關麵包書籍的私人圖書館，藏書超過二千冊。

人生有夢，築夢必須踏實，重要的並非你夢想成為什麼，而是你該如何築夢，如何藉著心中的夢想，讓自己不斷向上躍昇。

想讓自己活得更耀眼，就必須試著把夢想當成前進的動力，踏穩自己前進的步伐，才能美夢成真。

　　麵包師傅波廉所做的法國黑麵包行銷全球，除了眼光獨到、有行銷腦袋外，最重要的還是他能夠專心致力於一個目標，並用心鑽研於其中。

　　雖然只是生產「傳統黑麵包」，他卻能研究得如此透徹，從原料、烘烤過程、燃料，甚至生產氣候⋯⋯等等，都堅持用最適合的方式製作，也難怪有如此成就。

　　當我們看著日本節目，那些被稱為「達人」的驚人成就，並感慨為何台灣鮮少有這樣的人才之時，不妨想想，為何別人做得到，而我們不行？

　　我們表面上看似忙碌，但是否不夠「專一」，分散而且浪費太多的精力於無關緊要的小事上，沒有下功夫在真正該專注的事情上？

　　想要獲得成功，便得選擇一條屬於自己的道路，專心一致地走下去，成功就在不遠處等著你。

機會由自己創造最可靠

一個真正的成功者，不僅努力培養自身能力，更積極於尋找、製造成功的機會。當機會不來敲門時，你就該主動拜訪它。

有句話這樣說：「當機會遲遲不來時，你就必須主動去尋找它。」

成功除了靠努力之外，多半也有點機運。於是，有人做好一切準備，就等著機會降臨，可是機會偏偏總是和他擦身而過，左等右等，就是等不到它。

如果這時候不展現積極的做法，還繼續傻傻地坐在家裡等待奇蹟出現，就是一件非常危險的事了。

若是真的想獲得成功，最可靠的辦法就是自己去創造機會。

二十世紀二、三〇年代間，美國經濟蕭條，各行各業普遍不景氣。

多倫多有一位年輕畫家，家境非常拮据，全家人常常過著有一餐沒一餐的日子。這個畫家擅長畫木炭畫，但受環境的限制，畫得再好也賣不出去。

後來，年輕人終於明白，要想靠賣畫來養家，只能到富人那裡去開拓市場。可是他根本沒有人脈，要怎樣跟有錢人接近呢？

　　他苦思冥想，最後他來到多倫多《環球郵政》報社資料室，從那裡借了一份畫冊，其中有一幀加拿大某家銀行總裁的肖像。他回到家，就著手描摹起來。完成後，他把它放在相框裡，裝訂得端端正正。

　　接下來的問題是，要怎樣才能交給對方呢？他在商界沒有朋友，想得到引見是不可能的。他也知道，如果貿然與對方見面，肯定會被拒絕。寫信要求見對方，這種信可能過不了大人物的秘書那關。

　　這位年輕的畫家知道，想要穿越總裁周圍層層阻擋，必須要抓住對方追求名利的心理，投其所好。

　　他將頭髮梳理整齊，穿上衣櫃中最體面的衣服，來到這位銀行總裁的辦公室，要求與他見面。果然不出所料，秘書攔住他，並告訴他如果沒有事先預約，想見總裁是不可能的。

　　「真糟糕，」年輕人一邊說道，同時把包覆住肖像畫的保護紙揭開，「我只是想拿這個給他瞧瞧。」

　　秘書看了看畫，把它接了過去，猶豫了一會兒後說道：「你請先在這兒稍坐一下，我去去就回。」

　　過沒多久，秘書就對年輕人說：「請從那個門進去吧，總裁想見你。」

　　當畫家步入辦公室時，總裁正在欣賞那幅畫。

　　「你畫得棒極了，」他說：「這張畫你打算要賣多少錢？」

　　年輕人鬆了一口氣，開價一百美元，結果順利成交了。以當時的物價而言，一百美元可是一筆不小的收入。

　　這名年輕的畫家除了洞悉人的心理之外，更了解這個大環境

和自己的優勢。他利用繪畫天賦，再加上銀行總裁對自己的優越感，打破社會階層的藩籬，順利將自己的畫作賣出去。

這個「另類」的推銷手法，為年輕畫家開創了生機。

有很多失敗的人，常常會將原因歸咎於「沒有機會」。然而，真正的成功者，不會把這個當藉口。他們不僅努力培養自身能力，更積極於尋找、製造成功的機會。因此，在時機成熟時，他們擁有的選擇機會往往比別人多，自然也會有更多機會能開創出一番成就。

當機會不來敲門時，你就該主動拜訪它。哪怕要多走幾條街、多敲幾次門，只要你願意，成功就會在不遠處招手。

不要讓情緒影響智力

想解決問題，就一定要避免牢騷與抱怨。
若浪費太多時間在情緒宣洩上，便很難讓
情緒冷靜下來。

遭遇困境，想要解決困難之時，不要讓情緒影響自己的智力，
而要緊扣住問題的核心慢慢推進。

不要用情緒面對問題，無論多麼刁鑽的難題，只要情緒能控
制好，冷靜地處理手上的問題，所有困難都有機會扭轉劣勢。

魯迅在廈門大學擔任教授時，該校有一位名叫林文慶的行政
人員讓全校師生們都深感厭煩，因為他常苛扣學校經費，也常刁
難師生申請的研究經費。

有一天，林文慶把研究院的負責人與教授們全部找來開會，
當場宣佈：「從今天開始，你們的經費將削減一半。」

教授們一聽，紛紛提出反對，沒想到林文慶卻鄙夷地對眾人
說：「對不起，這件事不能再依你們了，畢竟這間學校的經費全
是有錢人拿出來的，有錢的人才有權發言。」

林文慶蠻橫無理、仗勢壓人，話語裡更是充滿了歧視，令在
場所有人都憤憤不平。這時，魯迅忽然站起身來，接著便從口袋
裡摸出了兩個銀元。

「啪！」魯迅猛地將銀元丟到桌上。

接著他鏗鏘有力地說著：「我有錢！我也有發言權！」

林文慶一看是難搞的魯迅，更沒料到他會有這麼一手，一時間瞪大了雙眼，張著口卻不知道怎麼回嘴，狼狽不堪的模樣令其他人忍不住偷偷竊笑。

接著，魯迅力陳經費不足的後果，並振振有辭地指出經費不能減少的理由，有理有據地逐條解說，反駁得林文慶啞口無言。

林文慶最後只能默默地收回自己的主張。

為什麼其他教授只能乾瞪眼，不能像魯迅一般迅速還擊呢？

正是因為他們用情緒面對問題，因而找不到著力點。魯迅在發言前掌握了出奇制勝的技巧，他緊抓著「有錢」兩個字來大做文章，封住林文慶的嘴，不讓他有任何反駁與批評的空間。

這一記當頭棒喝，讓自以為有錢就佔上風的林文慶，反而無話可說，幽默機智的魯迅沒有直接批駁林文慶的要求，只順著他的「有錢」等於「有權發言」的邏輯加以反擊，讓林文慶轉向下風，終於扭轉了劣勢。

想解決問題，就一定要避免牢騷與抱怨。若浪費太多時間在情緒宣洩上，便很難讓情緒冷靜下來，所以魯迅在故事中傳遞了：「想解決問題，就要順著問題的癥結積極思考，然後才能正中問題的核心，輕鬆解決。」

7.
大方表達心中的想法

我們永遠也無法預料到即將遇到什麼，

　　因此我們隨時都要把握機會表現自己，

全力展現自己的創意。

每天都要認真地生活

每次吹熄一根蠟燭，我們便越接近人生盡頭，關於明天的事，我們不必想太多，只要知道好好珍惜，竭盡所能地生活就夠了。

人生是快樂或痛苦，端視你看待生活的態度而定，只要你能在當下善用每一刻，認真地生活，不僅可以讓短促的生命延長，更可以讓人生變得更加精采。

一個人唯有徹底認識自己，才不會浪費無謂的生命，也唯有懂得生命真諦的人，才可以使短暫的生命無限延長。

不想人生有所遺憾，每一天我們便要用心生活；不希望生活再有後悔，每一刻我們都要珍惜把握。

每個人的生活環境大致相同，彼此生命中所能遇到的機會也幾乎均等，關鍵在於，如果有人比你更加樂觀、努力，那麼他的成功機會自然比你還多，生活也會過得比你快活。

剛剛吹熄五十五根蠟燭的愛迪生，連蛋糕都還沒吃，老朋友便問他：「愛迪生，你已經五十五歲了，未來還有什麼計劃嗎？」

愛迪生感覺朋友對他的生活似乎有些疑惑，因此想也沒想立即給了他一個答案：「不必計劃了！因為從現在開始到我七十五歲生日那天，我會一直待在實驗室裡工作。」

　　「那七十五歲以後呢？」老朋友繼續追問。

　　「除了實驗室裡的那些研究工作之外，在七十七歲時，我會去學橋牌，然後在八十五歲的時候，只要我還活著，我一定會去學習高爾夫球。」愛迪生簡單地說著。

　　這時，另一個老朋友又問：「那九十歲以後呢？如果你活到九十歲，之後的生活怎麼規劃？」

　　愛迪生笑笑地聳一聳肩說：「九十歲？誰知道九十歲會怎樣，我的計劃從來不會超過三十年！」

　　人生果然走得很快，轉眼間，愛迪生的七十五歲生日宴會已經開始。

　　這天，又有人出題問愛迪生了：「請問，您未來的計劃是什麼？」

　　愛迪生瞇著眼看了看他說：「我沒有其他計劃，因為我只想竭盡所能的工作，因為我在實驗室裡一直都十分快樂。只要還有時間，我會讓腦海裡那些數不清的想像一一實現，總之，我還有好幾年要忙吧！」

　　果然，愛迪生從八十歲又開始了新的人造橡膠實驗，一直到八十四歲去世前，他還埋首在實驗室裡。

　　人生會在什麼時候終了，到底應該在什麼時候停下腳步休息一下，答案從來只有我們自己知道。

　　雖然，愛迪生大師沒有明確地指出答案，但是在吹熄前的燭光裡，他卻讓我們看見生命中最重要的事：「無論生命走到哪一個階段，每吹熄一次蠟燭，我們便越接近人生的盡頭。關於明天的事，我們不必想太多，只要知道好好珍惜，竭盡所能地生活就

夠了。」

　　我們也見到，愛迪生終其一生都在實驗室裡努力著，像他這樣積極認真的人，生活不需什麼特別的計劃，只要每天都過得快樂與滿足，每一天都沒有後悔與遺憾便已經不虛此生。

　　不必搜尋別人的生涯計劃書，想要讓自己的生活過得充實快活，只要細心咀嚼愛迪生的這句「積極生活」就夠了。

不為小事鬱卒的處世智慧

懂得生活珍寶的人，會用心觀察生活中的一切，並轉化為生命活力，並從中獲得創造未來的生命動力。

俄國文豪屠格涅夫曾經告訴我們一個簡單的生活道理：「人每逢為小事不愉快的時候，煩惱就會趁機來威脅他。」

老是活在為瑣事而憂慮的生活裡，這種人生未免太卑微渺小了。如果，你不想讓那些令自己煩憂的小事來打擾自己，首先你必須設法把與它有關的一切從腦中除去，並全神貫注於經營自己的人生。

只要不繼續自尋煩惱，那些讓人苦惱的小事就會出人意料地煙消雲散，生活就不會因為鬱卒而過得團團轉。

我們想要的生活禪機，其實俯拾可得，只要訓練自己「眼觀八方，耳聽四方」，自然能像生活禪師一樣，時時刻刻都能領悟生命中的奧妙。

有一位在家修行的居士，非常喜歡問問題，不論是佛法上，還是關於家庭、個人的事，凡事都要請教師父。

問題是，這位居士什麼雞毛蒜皮的小事都問，而且也不願意自己尋找答案，只想勞煩師父給予明確指示。

　　日子久了，修行不夠的他，發現師父居然能不等他問完話，便輕鬆把答案說出，不禁心生疑惑，暗中想著：「難道師父有不為人知的神通？」

　　於是，他居然興起了試探師父的念頭。

　　這天，他又來請教師父：「師父，為什麼會有『團團轉』的情況？」

　　「因為，被束縛在繩子上了。」師父隨口而答。

　　聽見師父的答案，居士非常驚訝，忘了要如何說話。師父見狀，忍不住問：「居士，什麼事令你如此驚訝呢？我答錯了嗎？」

　　居士連忙搖了搖頭，回答說：「不！師父答得很對，我只是對您的智慧，深感驚訝與敬佩！」

　　師父看著居士，笑著問：「怎麼說？」

　　居士這才慚愧地說：「其實，這個答案我早就已經知道，因為今天我在路上看見一頭牛，被一條繩子穿了鼻子纏在樹腰，儘管這頭牛很想走動，然而不管怎麼轉都無法脫身。我猜想，師父應該不曾見過這樣的景象，應該答不出來，沒想到……」

　　師父微笑地說：「沒想到，我說出了正確答案？所謂一理通百事，你問的是牛被繩子縛住而不得解脫，然而，我答的卻是人心被外在環境束縛而不得解脫，兩者理事是同理得證的啊！」

　　師父繼續教導著：「眾生就像那頭牛一樣，讓許多煩惱的繩子纏住，以致於人人都在痛苦深淵裡輪迴，所以，我們要精進修學，用智慧的剪刀把繩子剪斷，以求解脫，獲得安樂自在的生活，明白吧！」

　　居士聽完教訓，恍然大悟，對師父也更加佩服。

　　思考著「團團轉」三個字，不知道你是否也領悟了其中旨意？

　　許多人總愛在小問題上打轉，讓原本輕鬆易解的小事，因為一顆打不開的心，演變為大麻煩，所以故事中的禪師訓誡我們：「不希望生活痛苦，就別鑽牛角尖，自尋煩惱。」

　　「一理通百事」，生活哲理或是佛理禪機，其實一直與我們生活在一起，懂得這個生活珍寶的人，會用心觀察生活中的一切，並轉化為生命活力，還會細心照料這些難能可貴的生活片斷，從中獲得創造未來的生命動力。

　　喬治·彭斯曾說：「如果有什麼事不是你的力量所能控制的，那麼就沒有必要發愁，如果你還有什麼辦法可想的話，那麼還有什麼好發愁的？」

　　遇事不用大腦，無端地煩惱，無端地為小事鬱卒，是人的通病。如果事情不是你能力所及，再怎麼煩惱也無濟於事，如果問題是你能處理的，又何必為了暫時不順利而鬱卒發愁呢？

　　人生當然不可能沒有失意煩惱，但是也沒有絕對過不去的難關；與其抱怨環境、抱怨別人，不如用微笑代替煩惱，讓自己學會過得從容自在，才不至於老是讓負面情緒控制自己。

　　其實，人們煩惱的最大來源，在於對小事的患得患失，如果你能看透這層道理，懂得有所取，必須有所捨，那麼你就不會再為小事鬱卒。

第一次是嘗試，第二次要全力以赴

 人生難免會有些遺憾的事，我們不必太過自責，畢竟每件事都有現實考量，只要我們已經盡了全力，就沒有什麼事值得後悔。

　　人生最大的遺憾其實不是目標沒有達成，而是不知道自己走錯了路。人生最讓人懊惱的，不是沒能堅持到最後一秒，而是不曾努力過。

　　很多時候，第一次都只是嘗試錯誤的過程，只要我們能從錯誤之中吸取經驗、記取教訓，那麼捲土重來之時，我們就能充滿信心地全力以赴，愉悅地享受勝利的果實。

　　為了成為第一個橫渡英吉利海峽的游泳健將，有位女選手每天都非常努力鍛鍊體力。為了迎接這個歷史性的一刻，她必須做好最充足的準備。

　　實現夢想的這一天終於來到了，女選手帶著滿臉的自信現身，在人們的加油聲中與大批媒體的關注下，她以優雅的姿勢一躍而下，接著便奮力地朝著海峽的對岸游去。

　　剛開始的天氣非常好，這也讓她可以清楚地朝著目的地方向前進，但沒想到就在她游到一半時，海上突然飄來了陣陣濃霧。

　　不一會兒工夫，連一直跟在身邊的救護員都看不見了，茫茫

大海中，她完全失去了方向感：「怎麼辦？我要游往哪個方向？」

選手開始有些慌張了，這片伸手不見五指的濃霧已經蒙蔽了她的信心，越游越心慌的她，終於控制不了心中的恐懼，最後不得不宣佈：「我決定放棄！這霧實在太大了，讓我完全抓不到方向感。」

只是，當救生艇將她救起時，她才發現，原來只要自己硬撐下去，再游一百多米就到對岸了。

上岸後，她十分懊悔地說：「唉，早知道距離岸邊已經這麼近了，無論如何我都應該要堅持到底的。」

隔了一段時日，再次進行挑戰之時，她牢記著第一次失敗的經驗，終於成功地締造紀錄。

作家貝佐茲曾經寫道：「想要成功，就必須試著把每次的折磨當作人生必經的考驗。」

如果你想出人頭地，就必須調整自己的想法，無論做什麼事都全力以赴，如此才能看見和以往迥然不同的未來。

從運動精神的角度思考，「堅持到底」當然是運動家應有的表現，然而從現實情況來評估，我們不必每件事都要「堅持到底」，因為，開始與過程才是人生最重要的部份，至於結果只是嘗試錯誤的參考罷了。

因此，我們沒有必要為失敗而傷心難過，只要在過程中受益良多，那麼我們就會加以修正，讓自己得到最好的結果。

其實，人生難免會有些遺憾的事情發生，只是，在面對遺憾的同時，我們不必太過自責，畢竟每件事都有現實考量，只要進行之時我們已經盡了全力，就沒有什麼事值得後悔。

　　千金難買早知道，但只要修正錯誤，就不會繼續苦惱。

　　故事中的女選手，第一次挑戰時雖然最終目標沒能達成，但是她畢竟盡力了。如果當初她眞的堅持下去，萬一偏離了方向，換來的說不定是更加遺憾的結局，不是嗎？

　　正因爲這一次的放棄，使她充分了解海上氣候對心理因素的影響，對於締造紀錄有了更堅定的信心，終於彌補第一次失敗的遺憾。

　　問題不能只看一面，每件事我們都要能做出全面且周詳的評估，下一步到底要繼續堅持，還是保留實力下次再來，全賴聰明的你做出智慧的選擇。

手上的機會你會怎麼把握

用心領略書中的旨意與知識，活用到自己的生活中。仔細推敲主角人物的成功經歷，然後看見自己的希望未來。

日本心理學家石川達三曾說：「對於不懂得充實自己的人，就算揚名立萬的機會出現，又有什麼用呢？機會一向嘲笑不肯努力的人。」

人生就是這麼一回事，你多把握住一些，生活就會比別人多擦出一點炫麗火花；只要我們能比別人多發揮一些，人生自然會比別人更加精采。

有一天晚上，在喀山附近有一間房子突然失火，不久便竄出熊熊烈火，眼看大火就要吞噬整個房子了，就在這個時候，突然有個年輕人雙手抱著木箱，從閣樓窗口一躍而下。

跌坐在地上的年輕人身上還不斷冒著煙，但才剛逃出火口的他，一點也不顧自己的安危，立即起身，著急地拾起因為木箱摔破而灑落一地的書本。

這個年輕人正是俄國文壇最重要的人物之一，高爾基。

高爾基有句名言是這麼說的：「書是人類進步的階梯，更是所有年輕人不可分離的生活導師和伙伴。」

　　所以，他不顧生命安危，衝上閣樓搶救這些書，雖然為了救出這幾本書，他的頭髮被燒光，衣物也被燒壞了，但是當他看見一本本完好無損的書，一切犧牲都是值得的。

　　據說，高爾基的閱讀習慣是外祖母給的。從小便經常在他耳邊講述民間故事的外祖母，雖然很早就離開他了，但是他愛好閱讀的習慣卻從未消失，即使十歲就被迫休學，也從未放棄任何閱讀的機會。

　　高爾基十歲開始過著流浪生活，不過，這段流浪生涯卻帶給他極其豐富的靈感來源與創作題材。

　　有一回，他找到一份在輪船上洗碗打雜的工作，在這裡遇上了人生中的第一位老師，廚師斯穆勒。

　　斯穆勒是個愛書人，經常要求高爾基要多看書，偶還會要求高爾基朗讀書籍內容給他聽，這些經歷也促成了高爾基愛書的習慣，因為高爾基相信讀書的意義極大！

　　這時開始，高爾基與「書」結下了不解之緣，雖然只有兩年的小學教育，但高爾基並不自卑，反而更懂得把握時間學習識字、寫字，一天辛苦工作完後，晚上便是他最重要的讀書時間。

　　由於晚上不能點燈，高爾基便偷偷地收集燭盤上的蠟油，利用沙丁魚罐頭燃燒著短棉線的光源，積極地讀書。

　　在這樣艱苦的閱讀環境下，他總是這麼告訴自己：「這些書是你唯一的希望。」

　　想改變生活，你就必須先放下哀怨的心態，試著改變自己的生活。改變或許要面對層層考驗，但只要你願意活用智慧，就能拓展生命的深度和寬度，不再活得那麼痛苦。

　　高爾基千方百計地找書讀書的奮鬥歷程，想必讓隨處都有著閱讀機會，卻不知珍惜的我們深感汗顏吧！

　　愛書惜書的高爾基，珍惜著每一個閱讀機會，因為他看見的不只是書中文字，還有從書中見到的人生新視野。

　　對高爾基來說，生活原本就充滿各種可能，即使這一秒吃盡苦頭，只要不輕易放棄自己，下一秒自然能看見未來希望。

　　所以，面對困厄艱難的人生，他沒有抱怨，只有微笑以對。因為從書中他領悟到：「用心領略書中的旨意與知識，活用到自己的生活中。仔細推敲主角人物的成功經歷，然後看見自己的希望未來。」

大方表達心中的想法

> 我們永遠也無法預料到即將遇到什麼，因
> 此我們隨時都要把握機會表現自己，全力
> 展現自己的創意。

沒有人可以武斷地否定別人的想法，相對的，我們也不必因為別人的一句否定而放棄主見。

生命的當下充滿任何可能，別害怕你的想法太過前衛，也別擔心你的創意太過大膽，社會的進步全靠超越當下的思維，所以大方表現你的想法，也許你能讓創見及早展現。

戴維剛剛制訂出一個簡化工作流程方案，並且相信，這個新方法可以讓公司產量提高百分之二十五。

當戴維把自己的方案推銷給 IBM 公司的幾位主管之時，每個人都對戴維解說的縮減流程與節省成本印象深刻，對這個方案深具信心。

一個星期過後，戴維被請到 IBM 公司的董事會，與所有股東面談。他們將對戴維的簡化製造流程方案進行最後審查，決定是否採納。

戴維自信地說完整個計劃後，有位身兼股東的女主管忽然問道：「新的程序可以節省多少錢？」

戴維告訴她：「一秒鐘就可以節省一百美元。」

這個答案令女主管有些吃驚，不敢置信的她旋即說：「好，請立即證明這個理論給我們看。」

戴維點了點頭，離開座位後竟朝著她直接走去，然後從自己的口袋中拿出了一張百元的美鈔。

刷地一聲，戴維忽然將美鈔撕成了兩半，其中一半還遞給了這位女主管。

這個動作嚇了她一跳，因為她完全沒料到戴維居然會用鈔票來做實驗。戴維說：「當妳看完了我的證據之後，如果我不能達成目標的話，我會把剩下的另一半鈔票交給妳。」

一般來說，主管們是不會這麼急躁地要求實驗證明，這一次情況確實有些特殊，但不管情況如何，戴維已經成功地化解了危機，而且是藉著主管們急躁的個性化解掉的。

戴維的論證非常成功，利用「撕成兩半」的紙鈔，他成功地坐上行銷部門的主管的位子。

在誇張的推銷方法中，戴維不僅讓「一百元美金」回復完整，更證明了自己的才能確實可靠。

生命中的每個難關都提昇精神意志，增加本身能力的磨練，唯有選擇樂觀面對，才能替自己創造更多機會。

大多數人的行事態度都是被動而習慣等待的，只有主動的人才能掌握先機。

大多數人只懂得規規矩矩地推薦自己，只有具備創意靈活的人才能成功地行銷自己。

就像故事中的戴維，因為他主動積極且思考靈活，最終總算

贏得眾人的支持與肯定。

　　試想，如果你怎麼也不肯主動出擊，積極地自我推銷，那麼，你認為自己能有多少業績？

　　我們永遠也無法預料到即將遇到什麼，因此我們隨時都要把握機會表現自己，全力展現自己的創意。

　　想擁有機會，就不能害怕出糗，腦子裡既然不斷地湧現創意，就不該讓它停滯下來，因為一旦錯失了靈感，想再找回，恐怕不是那麼容易。

智慧，讓你在失望中看見機會

 少了智慧，我們便少了生活的領悟，更少了微笑面對困難的勇氣；少了希望，我們便少了樂觀態度，也少了積極突破困境的鬥志。

法國思想家拉羅什富科說過：「不論遭遇多麼不幸的事，智者總會從中獲得一些利益，不論遇到多麼幸運的事，愚者還是感到無限悲傷。」

無論外在的環境如何惡劣，無論眼前的際遇如何不堪，如果你想增強自己的價值，想讓自己活得更好，那就必須鼓起勇氣面對。

人生中最重要的事，不在物質上的享有，而是領悟生命；真正富足的生活，不在金錢財富的累積而是心靈上的充實。

所以，身為父母親，與其給孩子們金錢，還不如送給他們足以影響一生的智慧作為禮物。

迪樂雖然出生在貧窮人家，但在溫暖和諧的家庭氣氛中，從不覺得家境貧困有什麼不好。

當有錢的小孩們享受著富裕的生活時，迪樂從不羨慕，因為父親經常對他說：「孩子，精神的富足與快樂才是真正的快樂。」

冬雪開始輕飄，耶誕節就快到了，玩伴們也紛紛帶來了父母

贈送的耶誕禮物，有人直接將新衣服穿出來，有人則帶著金飾甚至是金幣四處炫耀。

看見朋友們個個都大豐收，迪樂忍不住嘟著嘴來到父親身邊，問道：「爸爸，我的耶誕禮物呢？」

迪樂的父親一聽，立即笑著說：「別擔心，你的禮物早就準備好了。」

迪樂聽見父親的話，臉上立即堆滿了笑容。只見父親拿了一個小竹筐，裡頭裝滿了一顆顆飽滿的馬鈴薯。

迪樂似乎有些失望，這時父親立即開導他：「孩子，你可別小看這份禮物哦！想一想，你可以把它們拿到鎮上去換些自己想吃的零食，還可以現在就把它烤來吃，當然，你更可以等到春天來臨時，再次把它們種進土裡……總之，無論你想怎麼處理，這一筐馬鈴薯現在完全是屬於你。」

迪樂想著：「雖然它不像金幣那樣漂亮，也不像新衣服那樣舒服，不過也不錯，我不但可以拿一些去換點零食，其他的晚一點烤來吃，剩下的還能種進土壤裡等待豐收。」

決定之後，迪樂在第二年春天來臨時便將馬鈴薯種進土裡。

這年春天，當地遇上了一場嚴重的蟲害，遮天敝日的蝗蟲幾乎把植物全啃光了，唯獨迪樂的馬鈴薯除外。

蟲災過後便是飢荒，富人們捧著金幣卻買不到一粒米糧，只有迪樂一家人尚有馬鈴薯可以充飢，善良的迪樂還將多餘的馬鈴薯分送給眾人，總算讓大家度過這個荒年。

迪樂直到這一刻才明白：「他們擁有的只是片刻的快樂，但父親給我的卻是一個希望，一個可以一輩子快樂的希望。」

在猶太人的教育中，父母都會灌輸他們的孩子這個觀念：「孩子，你什麼都可以放棄，唯獨智慧不可以。好好累積你的智慧，因為有一天你會失去一切，唯獨智慧不會消失。」

這是猶太人堅持傳承的生活智慧，也是我們應該學習的生存之道，就像故事中迪樂的父親一樣，只要我們能用心體會其中的教訓，無論眼前遇到了什麼阻礙，我們都能見到希望之光。

「智慧」與「希望」是生命中重要的伙伴，少了智慧，我們便少了生活的領悟，更少了微笑面對困難的勇氣；少了希望，我們便少了樂觀態度，也少了積極突破困境的鬥志。

想遠離危險，便要學會忍讓

許多人忽略了自己的能力有幾分，老是硬著頭皮爭面子，稍稍被人欺負便急著還擊，最終卻反而又多吃了幾記悶虧。

曾經叱吒風雲的拿破崙曾說：「發生一件事情時，善於分辨它是時機還是危機，然後用正確的方法面對，這是極為難得的智慧。」

祈求平安的最好方法，不是天天燒香拜佛或對上帝禱告，而是要隨時謹記著「能忍才能安」的道理。

畢竟，人們最缺乏的就是「掌控情緒」的能力，因為老是忍不住想發飆，或是想逞英雄，於是，造成情緒失控，引來了一些無謂的爭端，也樹立了許多不必要的敵人。

這天傍晚，愛德華到迪西家找他一塊兒到公園散步，兩個老朋友一邊走著，一邊開心地高聲交談。

就在這個時候，有一隻大黑狗突然從一戶人家的左側大門口跑了出來，兇猛地朝著他們兩個人狂吠，緊接著，又從這間大宅裡接二連三地跑出了幾隻看家犬，把愛德華和迪西兩個人視為小偷，不住地朝著他們吠叫。

狗兒的聲音越來越大，吠叫到最後，連街邊的流浪狗也被引來了，一起加入狂吠的行列。

眼看整條街聚集了一大群狗，愛德華有些恐懼，身體不住地顫抖著，接著更忍不住彎腰拾起一顆石頭，等待突圍的時機。

迪西看見愛德華舉起了手想對這群瘋狗丟石頭，連忙制止他：「老朋友，你別做傻事了！隨便牠們叫吧！只要讓牠們感覺我們不具攻擊性，我們就沒事了。你越是向牠們挑釁，越容易被攻擊，我們只管走我們的，慢慢來，千萬別回頭看，自然會沒事的。」

只見愛德華和迪西兩個大男人像女孩踩著蓮花步似地輕緩無聲，才五十步的路卻花了他們一個小時的時間，不過，狗叫聲果真慢慢地遠了，兩個人也總算脫離險境。

相信有很多人也和愛德華他們一樣，都有過被狗追逐的經驗。

不論是騎著腳踏車，還是飛快的摩托車，如果被狗盯上，車行的速度越快，狗的追擊速度也會變得飛快，車子忽然停住，狗也會跟著停止追趕，甚至還會往後退了幾步。

你知道為什麼會這樣嗎？

道理很簡單，生命的第一要件是「求生存」，除非是生命受到威脅，否則牠們不會輕易做出反擊。一看苗頭不對，動物們寧願轉身逃跑，也不願勉強頑抗，這是萬物的「自然法則」。

仔細反省人們的處世方法，許多人忽略了這個法則，情緒一上來便忘了自己的能力有幾分，老是硬著頭皮爭面子，稍稍被人欺負便急著還擊，最終卻反而又多吃了幾記悶虧。

仔細想想，爭來爭去最終又得到了些什麼？

何妨學學故事中愛德華和迪西的隱忍退讓，隨時懂得退一步，因為，謙卑不會讓我們失去什麼，只要我們能按捺住自己的情緒，不再隨便發作，退一步反而海闊天空。

8.

運用智慧，
活用眼前的機會

大多數人不知道自己到底想要些什麼，

即使立即滿足了需求，

最後還是會因缺乏宏觀的視野，

讓生活不斷地出現紕漏。

外表越華麗，內在越空虛

再華貴的外表也藏不住內在的空虛，與其
追求浮華的外在包裝，不如好好地填補內
在的空洞。

走在人生道路上，我們偶爾也會迷失，忘了怎麼呈現真實的
自己。特別是學會了化妝之後，我們只知努力地補妝，卻忽略了
人們最後還是會發現我們卸妝後的原貌。

那麼，我們該怎麼辦呢？

最好的方法是臉上始終保持素淨，即使出現雀斑痘疤也無妨，
因為人們真正要感受的是你臉上的喜怒哀樂，而不是在脂粉包裝
後的虛情假意。

德國有一位很有才華的年輕詩人，創作了許多華麗詩篇，卻
一直找不到欣賞自己的知音。

「為什麼會這樣呢？為什麼人們不懂得欣賞呢？」他不斷地
質疑別人的鑑賞力，從未懷疑過自己的才能。

這天，他帶著詩集向一位從事鐘錶工作的長輩請益，當老鐘
錶匠靜靜聆聽他的故事之後，什麼話也沒說，只領著他進到一間
小屋裡。

裡面陳列著各式各樣的名貴鐘錶，都是詩人從來未見過的，

只見老人家從櫃子裡拿出一個小盒子，一打開，裡面正躺著一只十分精美的金色懷錶。

「你要不要看看？」老鐘錶匠將懷錶遞給詩人。

詩人接過後仔細地拿在手上玩賞，發現這只懷錶不僅外貌美麗，而且十分精巧，上面居然還清楚地顯示出年份和日期，甚至連星象的運行和大海的潮汐期都顯示出來呢！

詩人忍不住讚嘆：「這真是一只神奇的錶，它應該是獨一無二的吧！」

詩人對這只錶愛不釋手，也忍不住問老人家錶價，沒想到老鐘錶匠卻說：「這麼喜歡嗎？那麼你手上的那只錶脫下來給我就好了，以物易物！」

詩人開心地脫下手中的普通手錶，立即將懷錶掛到身上，從此，無論是吃飯還是走路，就連洗澡睡覺也片刻不離這只錶。

但不久之後，詩人開始對這只錶產生煩膩，最後竟回到老鐘錶匠那兒要求換回自己的普通手錶。老鐘錶匠聽見詩人要換回自己手錶時，臉上故意表現出吃驚的模樣：「咦？這樣珍奇的錶你怎麼不要了呢？」

詩人搖了搖頭說：「因為它沒有分針、秒針和時針啊，錶的最大功用是表現時間，雖然這只錶會告訴我潮汐時間和星象運行的情況，但是那有什麼用處？根本沒有人會問我這些訊息。我帶著它卻反而要詢問別人時間，多奇怪啊！所以，這只錶對我來說，根本一點用處也沒有！」

老人家靜靜聽完年輕人的不滿，接著便微笑地拿起詩人的詩集說：「孩子，那就讓我們好好地找尋更適合自己發展的方向吧！你要記住，你真正想要帶給人們的是什麼。」

這會兒詩人瞪大了雙眼，恍然大悟，終於知道自己的問題所

在。當他把舊錶套回手上後，平靜地說：「我明白了，謝謝您！」

你明白了老人家的暗示嗎？其實，故事的意旨很簡單，正是「樸實無華」四個字。創意不需要譁眾取寵，做人更不能華而不實，因為越華麗的東西往往越難親近，人們便會覺得它們不夠實際，所以寧願捨棄。

當老工匠看見詩人華美的詩篇，便知道年輕人已經忘了創作的初衷，更忘了將發自內心的真切感受表現出來，如此缺乏生命共鳴的詩文，無論寫得多麼華麗，始終不得人心。

所以，老鐘錶匠提醒我們：「再華貴的外表也藏不住內在的空虛，與其追求浮華的外在包裝，不如好好地填補內在的空洞。無論你想怎麼呈現你的人生，最重要的是讓人們知道什麼才是真實的你自己。」

運用智慧，活用眼前的機會

大多數人不知道自己到底想要些什麼，即使立即滿足了需求，最後還是會因缺乏宏觀的視野，讓生活不斷地出現紕漏。

作家茨威格曾經如此寫道：「一個平庸之輩能抓住機緣使自己平步青雲，這是很困難的。因為，偉大的事業降臨到渺小人物的身上，僅僅是短暫的瞬間。誰錯過了這一瞬間，它絕不會再恩賜第二次。」

只有懂得運用自己智慧的人，才能抓住一閃即逝的機會。

未來會是什麼模樣，下一步能否走得平穩，並不是我們可以預料到的，然而只要我們知道好好把握當下，知道自己的機會在哪裡，無論下一步是否得顛簸，最終一定會到達我們心中夢想的花園。

有三個罪犯同時被判監禁三年，被押到獄所時，典獄長對他們說：「你們可以提出一個要求，我一定會讓你們達成心願。」

美國犯人連忙說：「真的嗎？那我要三箱雪茄！」

「好，沒問題！」典獄長說。

「我可不可以請求一位美女相伴？」追求浪漫的法國犯人怯怯地問著。

　　只見典獄長笑著說：「可以，沒問題！」

　　「那你呢？」典獄長看著還在思索的猶太犯人說。

　　「請提供我一部電話。」猶太犯人認真地回答。

　　典獄長果真實現他們的要求，而且三年都未索回。

　　三年後，三個人同時出獄了，第一個衝出獄所的人是美國囚犯，但他衝出來的原因卻不是因為重獲自由，而是：「快給我火！快幫我點火！」

　　原來，當初要求雪茄的他，居然忘了要打火機了，三年來他只能以咀嚼煙草來過乾癮。

　　接著走出來的是法國人，只見他手裡抱了一個孩子，美麗女子則牽著另一個孩子在身邊，遠遠看來，女子肚子裡似乎還懷著一個。

　　最後走出來的是猶太人，沒想到他一走出來，便立即問著：「請問典獄長在哪兒？我想當面謝謝他！」

　　「我在這裡！」典獄長出現後，親切地拍了拍他的肩。

　　這時，猶太人立刻用力地握住典獄長的手，感激地說：「謝謝您，若不是您讓我繼續與外界聯絡，我恐怕將一無所有了。如今，我的生意不但沒有歇業，業績反而增加了百分之百呢！為了表示感謝，請您一定要收下我送的勞斯萊斯轎車。」

　　試想，相同的機會在你手中，你會怎麼把握，又會提出什麼樣的要求？

　　從美國人的身上，我們看見了大多數人及時行樂的生活態度，這類人多數缺乏遠見，不知道自己到底想要些什麼，所以，即使立即滿足了需求，最後還是會因缺乏宏觀的視野，讓生活不斷地

出現紕漏。

　　至於法國人的情況和美國人一樣，他們都只專注眼前而忘了未來。從獄所裡走出來時雖然有了妻兒，但是真正的現實生活才剛要開始，或許一走出監獄他便已經感受到了。

　　猶太人是最聰明的人，把典獄長難得給予的機會，用來享樂實在太浪費了，深思熟慮的猶太犯人知道機會難得，所以認真地思考，更為自己的未來做了全盤的規劃，因為他知道人生不是只有這三年！

　　為了三年後的發展，猶太人要了一部電話，並充分地利用這三年的時間延續事業版圖，結果也如我們在故事中所見，他的計劃確實成功了。

　　面對未來的方向，我們應該學習的不僅僅是如何創造機會，還要知道機會來的時候，要如何好好把握！

適當地安排你的工作與玩樂

執意享受物欲的人隨處可見，從他們的身上我們經常發現價值觀偏差的迷失，以及生活態度的誤謬。

我們必須懂得適量地安排工作與休息時間，讓兩者均衡，不要讓工作過量，也不要縱容自己玩過了頭。

生活中大多數的情況，是一旦超過了界限便要跌入深谷，特別是那些無法掌握自己慾望的人會跌得更深。

有一艘船在航行中遇到了暴風雨，不幸偏離了航向，一直到次日風平浪靜時，大家才發現船的位置不對。這時，他們發現前方有一座美麗島嶼，船長便決定靠岸休息。

從甲板上望去，島上繁花盛開，鳥兒們美妙歌聲不住地傳來，樹上還結實累累，如此美麗景緻深深地吸引了所有人的目光。

「現在，大家分成五組到岸上走走。」船長鼓勵大家。

但是，第一組旅客害怕錯過起航時間，所以他們雖然深深被小島吸引，卻仍然忍住慾望，堅持不登陸，寧願固守在船上。

至於第二組旅客則相反，討論完後，便急急忙忙登上小島，迅速地在島上繞了一圈，還嚐了些新鮮野果，最後帶著飽滿充實的心情回到船上。

第三組旅客也上岸遊玩，但由於時間沒有規劃好，在島上停留的時間太長了，以致於差點錯失了啓航的時間。

最後，他們慌張地往回飛奔，結果有人忙亂中被樹枝刮傷，有人則掉了身上的物品。

不過，第三組人馬最終還是趕上了船，不像第四組人一直認爲船長不會丟下他們逕自開船，直到船眞的要起航時，他們才趕回岸邊。最後，有許多人還是跳入水中游到船邊，才被救回船上的，其中有人還受了重傷，直到抵達目的地還未康復。

那第五組旅客呢？

關於第五組旅客的情況，知道的人不多，最後看見他們的人說：「我看見他們的時候，個個都醉倒在地上了，看來他們一定沒聽見啓航的汽笛聲，鐵定還在島上。」

沒錯，第五組旅客因爲太過散漫，醒來的時候，輪船早就不知道航向何方了，最後不幸命喪小島上。

旅客的命運像五種人生遭遇，在象徵享樂主義的小島上，因爲人們掌控慾望能力不同，所以有了不同的結果。

第一組人雖然無欲無求，換個角度看，其實是一群不懂得如何生活的保守主義者，相較於他們，第二組人不僅懂得玩，更懂得克制自己的玩興，其中拿捏的尺度，正是無法掌握玩樂與工作的人應該好好學習的。

第三組和第四組都有著相同的問題，因爲太過沉迷於慾望享受而忘了最終目的，他們雖然不像第五組人那樣無藥可救，卻也容易受到外物誘惑，隨時都有沉淪的危機。

第五組旅人的問題，相信聰明的你也看出了。

　　像這樣執意享受物欲，而不考慮明天會如何的人，日常生活中隨處可見，從他們的身上我們經常發現價值觀偏差的迷失，以及生活態度的誤謬。

　　享受生活的方法很多元，但是玩樂的目的只有一個，是為了讓緊繃的生活喘口氣，更是為了讓旅程的下一步走得更加自在、自信。

把生活的主控權握在手中

人生必須操控在自己手中，給自己多一點
生存的勇氣，用積極的生活態度突破僵
局，人生自然會朝著計劃中的方向前進。

你確定現在的你是最好的情況嗎？對於目前情況你又有幾分
把握？

真正的人生是在不斷的變動中前進，再堅強的臂膀也不一定
能永遠依靠，金融海嘯一來，誰都無法給你保障。所以，我們要
把生活的主控權拿回來，不能再被「習慣」圍限。

若是太過依賴現狀，一旦有突發狀況，我們便很容易失去方
向，像那些從天堂掉到地獄的華爾街金童一樣。

在公司表現不凡的吉米，在朋友們的眼中是個不可多得的領
導人才，但是不管大家怎麼勸他自行創業，吉米總是說：「自己
當老闆風險太高了，還是領人家的薪水比較安穩。」

對吉米來說，家中還有妻兒要照顧，當然不能冒險開公司，
即使天時、地利、人和都齊備了，他還是沒有勇氣冒險。直到大
環境出現了問題，突如其來的經濟蕭條才讓他發現：「原來生活
處處都有風險，沒有任何工作會是永遠可靠的港灣，我要隨時準
備好重新開始。」

　　於是，當大家在裁員危機中慌張不已時，吉米已經知道如何
為自己找到新的開始。

　　當然，面對長期投入的市場，面對日益加劇的經濟不景氣，
吉米心中難免會出現擔憂與慌亂。

　　但是，妻子經常對他說：「老公，別擔心，大家一直很肯定
你的才能，我也相信你一定行的！」

　　「嗯，長期累積的人脈與工作經驗，正是我最好的依靠啊！
我還在擔心什麼？我絕對不能再坐以待斃！」吉米鼓足了勇氣對
妻子說。

　　於是，當大家還在猜測自己是否會被裁員時，吉米提出了辭
呈，因為他決定要自己當老闆了。

　　這位知名醫療設備的行銷員從二手醫療設備開始，不斷鼓勵
自己：「假以時日，我必然會超越舊公司的成就！」

　　吉米找來了許多舊伙伴，從小型的服務機構開始著手推銷，
雖然一開始未如預期的順利，但是勇氣與鬥志已被喚起的吉米卻
一點也不擔心，因為他不想再過那種每個月固定薪水進帳的日子，
更不想下一次經濟蕭條時還得煩惱自己將成為失業人口。

　　現在對吉米來說是再好不過的，擁有自己的公司之後，他反
而更加安穩了，因為他發現：「如今一切全操之在我！」

　　作家塞爾曾說：「除非經過你本人同意，否則沒有人可以替
你決定你自己要過的人生。」

　　每個人的人生，都應該由自己決定，決定之後，後果也應該
自行承擔。

　　只要懂得命運掌握在自己手裡，很多事情就可以改變。

　　相信你曾看過小螞蟻搬家的經驗，我們曾經阻礙牠們前進的路，也曾移動牠們預備好搬回家的食物，還破壞牠們的巢穴，但不論我們製造多少意外，牠們還是會繼續完成既定的任務，從未放棄、退縮。

　　意外狀況發生時，無論是突破困局，還是另謀新人生的開始，我們都要像小螞蟻一般，給自己多一點生存的勇氣，用積極的生活態度突破僵局，人生自然會朝著計劃中的方向前進。

　　你的人生是否已經掌控在自己的手中？還是，你仍然擔心生活中不斷出現的各種突發狀況？

　　不論眼前是什麼情況，我們都要記住一個重點：「相信自己，因為你的人生必須操控在自己手中！」

懂得割捨，才能獲得

人都希望少一點犧牲，多一點擁有，不過，
機會的遊戲規則總是不盡如人意，人們要多
一點犧牲，然後才能得到多一點機會。

我們常聽老一輩的人說：「有捨才有得！」

那是因為先有犧牲，我們才能有更多的空間補充真正需要的。

其實，學會犧牲沒什麼不好，與其糾結著心斤斤計較，不如寬心一點，把眼光放遠，說不定更能看見千載難逢的機會。

對於人們羨慕的眼光，「電學之父」法拉第一點也不驕傲，因為他清楚知道眼前的機會是自己爭取來的。

從一個裝訂工到一位成就非凡的科學家，這一切得歸功於化學家戴維的提拔，除此之外，若不是法拉第積極為自己爭取機會，也許他永遠只是個沒沒無聞的小雜工。

法拉第還是個裝訂書報的工人時，每一次聽完了戴維的報告後，都會把所有的報告重新謄寫過，並且小心整理，裝訂成一本小冊子，然後再恭敬地把用羊皮封起來的冊子送去給戴維。

戴維深受感動，並力邀法拉第到實驗室面談。

但是，他和法拉第談完後，卻說：「對不起，我看你年紀也不小了，而且教育程度也不高，我想這裡不適合你，你還是回到

装订室去吧！」

原本满怀希望的法拉第，没想到戴维当场泼了他一桶冷水。

不过，这桶冷水似乎浇不熄法拉第炽烈的企图心，他认真地看着戴维说：「没关系，当不成实验员，那就让我在工作室里打杂吧！」

戴维想了想说：「好吧！」

就这样，法拉第一步步朝着实验室助手之路前进，从杂工到科学家的道路，他走得一点也不轻松，但是，这位电学之父始终知道：「无论如何，最后，我一定会成功！」

懂得割舍，才能获得。凡事不能急躁，所以法拉第知道要退而求其次，先从杂工开始，慢慢地往自己的科学梦前进。

我们都是在「牺牲」与「拥有」之间不断估算，大多数人都希望能少一点牺牲，多一点拥有，不过，机会的游戏规则总是不尽如人意，我们往往要多一点牺牲，然后才能得到多一点机会。

学学法拉第，学习他谦卑与牺牲的人生态度：「从头开始也无妨，虽然现在只是个杂工，距离科学家还有长一段距离，但是只要对自己有信心，无论终点多远，我们都一定能走到。」

適當的慾望能激發生命能量

人生能否充滿喜悅，是否可以事事順利，
其中關鍵不在於外在怎麼給予，一切全看
我們內心怎麼要求自己。

激勵作家安東尼‧羅賓巡迴演說時曾經說過：「生活就好比
軍隊打仗，勝利的方程式其實很簡單，那就是面對各種挑戰與困
境之時，要擁有非成功不可的企圖心，勇敢地向命運之神要求更
多。」

要求多，我們的企圖心便相對地增高，希望能再「多得一
些」，我們的行動力就會更加積極。

沒有行動不可能擁有一切，所以，給自己多一點慾望與要求，
我們才會更加積極地鞭策自己，早日滿足心中的夢想。

研討會剛剛結束，安東尼‧羅賓帶著有些疲憊的身體在科普
利廣場上散步。在這個夜深人靜的時分，羅賓難得仔細觀察他每
天經過的廣場。

四周的建築好似訴說著一段段美國歷史，因為每個時期不同
的建築風格正環繞著。羅賓踱著步伐走過，但此刻的心情有些被
打亂，因為他的面前忽然出現一個流浪漢，帶著滿身酒氣搖搖晃
晃地走來。

羅賓心想：「大概想要錢吧！」

果然如他所預期的，流浪漢一看見羅賓便迫不及待地開口說：「先生，給我一塊美元吧！」

一開始羅賓有些猶豫，但最後他還是拿了一塊美元出來，畢竟這一塊錢實在沒什麼，只是，他不想眼前這個人高馬大的流浪漢繼續墮落，心中想著：「這不能救急也不能救貧，我應該給他一個方向。」

羅賓對他說：「你要一美元嗎？真的只要一美元嗎？」

只見流浪漢晃著腦袋說：「就一塊美元。」

羅賓遞給他一塊美元後，又對他說：「先生，人生能得到多少，得看你對人生有多少要求。」

流浪漢聽見羅賓這麼講，一時之間愣住了，但是，幾秒鐘過後，便拿著錢搖搖晃晃地離開了。

就像安東尼‧羅賓從流浪漢身上所看到的，即使是相同的人生旅程與時間，成功者和失敗者之間最大的差異是他們「自我要求」的不同。

換句話說，人生能否充滿喜悅，是否可以事事順利，其中關鍵不在於外在怎麼給予，一切全看我們內心怎麼要求自己，所以安東尼‧羅賓在故事中點明：「人生會給予你想要的一切，如果你只要求一美元，那麼你就只能得到一塊美元，相同的，如果你想要充滿喜悅且成功的未來，那麼只要你向自己要求，很快地你便能達到希望。」

其實，適當的慾望確實有助於提昇生活品質，我們不必一面倒地苛責慾望所產生的負面效用，我們可以給自己一些目標，要

求高一些，那麼實現希望的機會自然能高一些，這是生活中很普遍的原則。

因為，當我們對自我要求提高，對生活慾望多一些之後，改變生活的動力便會自然而然地增強，無論是活力、勇氣和企圖心，或是責任感與自信心，都能隨之提升。

只要是正面的慾望，我們都會因為希望「再多一些」，而讓自己獲得前所未有的生命能量。

苦盡甘來的滋味加倍甜美

世上沒有所謂不可能的任務，只要有決心和毅力，再艱難的任務也一定能完成。

聰明人都知道，生活如果太過平順，沒有偶來的風雨，根本無法真正享受人生。從這個角度來說，為了能夠品嚐到苦盡甘來的甜美滋味，現在多吃點苦頭又何妨。

當成功在望之時，我們也明白了一個道理：「苦日子終究會走過，無論遇到多少艱難和辛苦，只要能嚐到滋味甜美的果實，一切都值得！」

一八九四年韓國爆發一場農民戰爭，半個世紀之後，作家朴泰源決心再現這一段歷史。從下定決心的那天開始，朴泰源日以繼夜地忙碌，經常通宵工作之下，身體很快地便出現問題。

首先出狀況的是靈魂之窗，他的眼睛突然開始模糊，視力急劇下降，醫生診斷之後告訴他：「你患了視神經萎縮症，視網膜已經有發炎的情況，目前你應該停止工作，好好地休息、檢查與治療。」

了解情況之後，朴泰源知道再不休息，雙眼不可能康復，但是卻始終都放不下手中的稿子：「不行，我不能在這個時候停下來！」

　　害怕一停手便再也找不回靈感的朴泰源，最後還是決定繼續工作，而且比之前更加積極，因為持續退化的視力正預告著失明的可能。

　　這天，他坐在灑滿陽光的窗前專心整理草稿，突然眼前一片黑，忍不住驚呼著：「老婆，天怎麼突然黑了？」

　　妻子聽見丈夫這麼說，先是一驚，接著抑制住情緒，心想：「老公真的失明了，不，一定會有奇蹟，也許下一秒鐘到來時，老公便能重見光明了，他現在看見的是個假象！」

　　朴妻沒有回應丈夫的呼叫聲，只靜靜地等待時間走過，但過了好幾秒鐘，朴泰源的雙眸仍不見光明。

　　朴泰源忽然滿臉笑容地說：「老婆，我看見陽光了，它正在我的心中。啊，現在還跳進了我的腦海裡了，太好了，我將永遠生活在光明之中了！」

　　面對這突如其來的意外，朴妻一點也不責怪丈夫，甚至還對朴泰源說：「別再寫了，我的薪水足夠支持一家人的生活。」

　　但是，朴泰源搖搖頭，堅定地說道：「老婆，對我來說這是一個使命，我不能輕易放棄的！」

　　失明後的朴泰源請人做了一塊大小和稿紙差不多的紙板，並在板子上刻出一個個小格子，利用這個新發明的工具，繼續他的創作使命。

　　早上，妻子會幫他準備好紙和筆的位置，然後便上班去，下班回來後，便幫他重新謄寫一遍。

　　原以為走過了失明的這一關，誰知道命運在他克服障礙之後又出了道難題。這天傍晚，朴泰源忽然半身癱瘓了，雙手也不聽使喚。每位探視的朋友都力勸他：「別再寫了，身體要緊，你要好好休息。」

　　「不，我還可以用說的，還差一點點，如今對我來說是最好的時刻，我知道當別人過了一秒鐘時，我可是過了十年，只要能好好地爭取這一分一秒，我就很滿足了！」朴泰源堅決地對朋友們說。

　　一九七七年四月，用生命寫成的《甲午農民戰爭》終於出版了，為此政府還授予他兩枚一級勳章。

　　法國作家安德烈·紀德說過：「人人都有驚人的潛力，要相信自己的力量與青春，要不斷告訴自己：我就是命運的主宰。」

　　樂觀的人不會因為困難而退縮不前，也不會因為厄運而心生畏懼，不論遭遇再艱困的際遇，人都得保持積極樂觀的心態，試著從黑暗中找到亮光，試著從迷霧中尋找自己前進的方向。

　　一個人的生命到底有著多少可能，能創造多少奇蹟，恐怕連最先進的科學儀器也測量不出來。

　　保持樂觀進取的態度，世上沒有所謂「不可能的任務」，只要有決心和毅力，再艱難的任務也一定能完成。

　　看著朴泰源堅毅不屈的人生遭遇，我們心中揚起的感動與尊敬更多於同情，也許生命本身是很期待「考驗」的，因為沒有這樣的經歷，便無法體會人生的難得與珍貴吧。

　　歷經那樣多辛苦的過程的人，是否更能為自己感到驕傲呢？當別人正無謂地浪費生命之時，你卻讓生命時間加倍延伸，讓「有限」成了「無限」。

　　別再抱怨，回頭望，如果你是揮汗走來，那麼你應該心存感謝，因為若不是你堅持走過這段辛苦的路，今天怎能擁有這麼多？

　　你應該抱持著感謝心，繼續你未來的人生。

9.
活得積極，
　人生就精采可期

命運從不捉弄人，

　那些挫折與困苦其實是必然的磨練，

只要一步接著一步地用心走過，

　成功的奇蹟一定會降臨在我們的身上。

活用危機，自然能逢凶化吉

每個人難免都會犯錯，但是怎麼活用危機中的關鍵契機，讓這個錯誤造就出好的結果，那便得靠我們的聰明才智了。

　　沒有人不會犯錯，也沒有人不被自己所犯的錯誤拖累，所以我們都已經習慣了錯誤的發生。

　　不過，習慣面對錯誤並不代表一味放任、敷衍，面對人生中的錯誤，我們不僅要積極地修正，更要從原有軌跡中找出可以運用的軌道，讓它成為引導我們通往正軌的路徑。

　　葛理萊是《紐約時報》的主筆，但是如此重要的人物卻有一個很不好的缺點，那就是他的字跡非常潦草。

　　每次他的稿件送達時，都會造成許多人的困擾，因為他的字跡實在沒幾個人能夠辨認，甚至經過一段時間之後，連葛理萊自己都認不出來呢！

　　這天，葛理萊剛完成一篇社論，字跡當然潦草到無話可說，排字工人幾乎無法辨認得出。

　　面對這個大麻煩，排字工人也不知道該怎麼辦，因為葛理萊交稿的時間實在太晚了，正巧是趕在報紙快開印的時候才送達，排字工人完全沒有時間再仔細校對了。

最後，他只得大膽地憑著猜測，一字一字地排印出來。

只是，第二天報紙一出來，他這樣不夠確實的校正動作，果然鬧了一個大笑話，也使得葛理萊的名譽因此大受影響。

葛理萊知道後大發雷霆，馬上要求報社解僱那名排字工人，因為實在太生氣了，他還特地寫了一張字條痛罵那個工人一頓，上面寫著：「你這蠢東西！笨傢伙！傻蛋！」

但是，一個人的寫字習慣實在很難改，即使只有幾行的小字條，上面的字跡一如往昔般潦草，以致於排字工人居然看不出那是一張罵人的字條。

工人小心翼翼地把條子收在身邊，兩天之後，他又找到了另一家報館的排字工作，而且是在令人意想不到的情況下被錄用。

那家報社老闆問他：「你有什麼人的推薦信嗎？」

工人想了想，忽然想到了葛理萊寫的那張字條，於是慢慢地從口袋裡拿出字條說：「當然有，這是葛理萊的介紹信。」

老闆接過條子，仔細地看了又看，完全辨識不出上面到底在寫些什麼，唯一看得出來的只有「葛理萊」這三個字。

最後，老闆聳了聳肩說：「既然有葛理萊的保證，那麼請你明天來上班吧！」

這是一個十分有趣的「失誤」，從葛理萊字跡潦草的失誤，到排字工人無法辨識的失誤，最終又因為新老闆沒有確認的失誤，反而讓被解僱的排字工人找到了另一個轉機。

換個角度來看，其實排字工人的機會並不僥倖，因為他很清楚知道機會在哪裡，並且巧妙地加以運用。

如果，這張字紙條拿到你中，你又會怎麼看待呢？

　　有危機就一定會有轉機，這兩個機遇的交會其實不難，對排字工人來說，他的交接點就在那個「潦草的字跡」上，面對已經發生的問題，他沒有多埋怨，只將字條保存，並等待機會好好利用它。

　　每個人難免都會犯錯，但是怎麼讓這個錯誤造就出好的結果，那便得靠我們的聰明才智了。生活中的麻煩事其實一點也不難，只要懂得好好利用危機中關鍵的契機，我們自然能逢凶化吉，化險為夷。

把握學習機會，才能充實智慧

人類最重要的資產並不是金錢財富，而是
充滿智慧的思考能力。何不從現在開始，
積極地充實自己的智慧！

　　一個缺乏思考能力的人無法看見自己的目標，一個缺乏智慧
的人，即使找到了目標也無法到達。

　　思考能力和智慧都得經由後天的學習，才能漸趨成熟。只有
那些不放棄任何機會充分學習的人，才會懷抱著遠大的理想，並
且在充實智慧的引導下，輕鬆達到夢想的目標。

　　從小就喜愛學習的俄國革命家列寧，五歲起母親便教導他讀
書識字，上小學前已經能背誦許多詩歌，且對歷史故事非常熟悉。

　　上小學後，列寧更是用功，由於從小就培養了很好的學習習
慣，因此，在大多數同齡小孩只想著玩耍時，列寧卻一點也不受
影響，只要一坐到桌椅上便能立即專心讀書。

　　其實，列寧也很愛玩，只是他懂得在讀書與玩樂之間取得平
衡，更懂得如何玩得盡興也同時認真學習。

　　列寧在課堂上總是聚精會神，每一份作業都十分認真仔細。
有一次，墨水不小心滴到作業簿上，他毫不猶豫地撕下每一張出
現墨漬的頁面，再重新抄寫。這是列寧小時候的學習情況，也是

他未來成功的寫照。

九歲那年，列寧進入中學，在班上年紀最小，卻是全校成績最好的焦點人物，畢業時還拿下了全校最優秀畢業生獎章。

原先求學路十分順暢的他，卻在進入大學時生涯起了變化。由於他參與革命活動而被學校開除，這段時間，儘管受到沙皇政府的迫害與刁難，列寧還是緊抓住機會，努力地學習。

他認真閱讀了馬克思和恩格斯所有的著作，還鑽研了其他學者的歷史、經濟、法律等作品，更積極地以一年的時間修完了大學四年的課程。因為他知道，如果不好好把握現在，明天或許就再也沒有機會了。

後來，他以校外生的資格參加聖彼得堡大學法律系的畢業考試，誰也沒想到，這個被開除的大學生，卻以優異的成績通過了所有的科目測試，順利取得了畢業證書。

圖書館是列寧學習的好地方。善於利用圖書館的他，連被關進聖彼得堡監獄，也能利用監獄裡的圖書館，好好地充實自己。

人們經常看見他從圖書館借來一大堆書。有位獄友曾經回憶：「每當有人拖著一大筐書走過長廊時，我就知道那一定是列寧。」

有一次，列寧的姐姐前去探監，高興地對他說：「你們的案子快結束了，你很快就能出來了。」

沒想到，列寧聽到這個消息，居然回答說：「真是可惜，我需要的資料還沒全部收齊呢！」

一個人的將來究竟會如何，端視現在面對生活、工作的態度而定，只要能夠善用每一刻，認真地生活，必定可以讓人生變得更加精采。

　　也許，對列寧來說，最後能否成功並不重要，但是若錯失了任何學習的機會，或是浪費了一刻學習的時間，一定會懊惱萬分！

　　反觀，到處都是學習機會的我們，是否也積極把握每一次成長機會呢？

　　人類最重要的資產並不是金錢財富，而是充滿智慧的思考能力。列寧的母親很清楚這一點，所以從小教他讀書識字；列寧更加明瞭累積智慧的重要，所以不間斷地努力學習。

　　積極學習確實是生活中最重要的事。有位大企業家常和朋友分享他的閱讀經驗：「每個星期，我都會參與一場員工們的讀書會，因為這是提升員工資質最重要的方法，員工們的智慧才是公司最大的資產。」

　　既然明瞭學習的重要，何不從現在開始，積極地充實自己的智慧？

活得積極，人生就精采可期

命運從不捉弄人，那些挫折與困苦其實是必
然的磨練，只要一步接著一步地用心走過，
成功的奇蹟一定會降臨在我們的身上。

今天走過便成昨日，明天來時又是全新的一天。

人生不可能沒有失敗挫折，相對的，人生也沒有過不去的難
關；每個人都會遭遇困住自己的障礙，應該試著用樂觀的心態闖
過這些關卡。

生活再怎麼艱苦，始終都會過去，走過了一個個辛苦阻礙之
後，我們的目標就會越來越清晰，只要生活得積極，人生將精采
可期。

印尼的「木材大王」黃雙安是個相當努力的人，目標專一的
他總是這麼告訴自己：「專注在目標上，你就一定能獲得成功！」

黃雙安是個生長在窮困家庭裡的孩子，從小便得面對困苦環
境，別的孩子還在快樂求學時，他已經開始打工了。

十六歲那年，他跟著家人搬離家鄉，到印尼開始另一個陌生
的人生旅途。

黃雙安從來沒有料到自己會有一天來到印尼，不過新人生開
始時，他確切知道：「人生再苦也不過如此。」

　　憑著勇氣和膽識，黃雙安在異地展開了新生活。從苦力工人開始，靠著汗水與努力，終於經營了一個小攤子，只是一切並不順利，小生意經營失敗之後，他一連換了十幾份工作，屢屢遭遇挫折。

　　親友們見了這種慘狀，都忍不住搖頭嘆息：「你的命運注定如此，幸運之神大概早就遺棄你了。」

　　聽見親友們這麼說，黃雙安並不洩氣，反而認為：「這不是命運在捉弄我，而是成功之神故意給我的磨練。」

　　嘗試過幾十種工作之後，黃雙安終於體悟到自己要做什麼，最後選擇了木材業，並決定以此做為創業的目標。

　　決定之後，黃雙安便積極地展開行動，因為印尼的林業資源非常豐富，最重要的是尚未有人認真開發，如今發現了商機，也看見了未來展望，所以，他必須早別人一步坐穩領先地位。

　　從此，黃雙安只專注於木材業，經過多年的踏實經營，黃雙安集團已是印尼林業的第二把交椅，擁有伐木專區約四百萬公頃。此外，他還投資發展漁業與魚產加工業，無論哪一項都經營得十分成功。

　　回想過去種種艱苦，黃雙安還是一樣笑著說：「人生再苦也不過如此！」

　　只要能堅強走過，人生再苦也不過如此。

　　對黃雙安來說，從小吃盡苦頭的日子一點也不難熬，畢竟日子總會走過，只要活得快樂充實就有價值。

　　正因為這樣的樂觀態度，讓黃雙安能夠帶著微笑走過艱難，也因為有著這麼積極的想法，他懂得培養堅強實力，為自己創造

機會，而這些也正是他成功的經驗和祕訣。

人生到底會遇到多少艱辛，我們無須太過擔心，因爲我們應當把心思放在解決問題上，多加關注如何突破艱困。

命運從不捉弄人，那些挫折與困苦其實是必然的磨練，就像運動員爲了創造紀錄必須時時訓練，只要我們認眞領受，一步接著一步地用心走過，成功的奇蹟一定會降臨在我們的身上。

努力前進，未來將是無限可能

即使沒有預料到日後的發展，只要我們肯努力，肯吃苦，未來的成就必定會超出預期。

別再擔心目標還沒出現，要先認真地看一看自己，檢討自己是不是只顧著擔心，而忽略了眼前必須下的功夫呢？

我們無法明確地論斷未來會如何發展，不過有件事是可以肯定的：「不管目前如何，努力前進就對了。」

一時的輸贏與挫敗不算什麼，最怕的是小小的挫折之後，我們便再也站不起來，再也無法面對接下來的考驗和挑戰。因為，心中一旦被害怕佔據，那麼一時的挫折恐將成為永遠的失敗。

美國前總統雷根在上海復旦大學演講時，有個學生問他：「您在大學讀書時，有沒有想過自己有一天要成為美國總統？」

雷根一聽，先是擺了擺手，接著便以一貫幽默的肢體語言側著頭思考，似乎這個題目難倒了他。

接著，他微微一笑，神態自若地答道：「如果沒記錯的話，當時我正在學習經濟學，而且還是個超級球迷。畢業後，美國大學生大約有四分之一都失業了，所以我當時只想著必須先找到一份可以餬口的工作，不久我找到了體育新聞播報的工作。不過，

後來我又跑去當好萊塢的演員。」

他忽然板起臉孔認真地說：「嗯，我今天能當上美國總統，可能是學習經濟學令我很會算帳，而播報員的經驗則訓練了我今天的好口才，至於演員的訓練機會讓我很會演戲吧！嗯，這些就是我當上總統的原因！」

聽見雷根總統居然如此巧妙地自嘲，率真幽默的表達方式，令台下的學生們都忍不住笑了出來，當然還給他熱烈的掌聲。

雷根其實十分仔細地回答了他成功的原因，對於這樣生硬的問題，他沒有用太制式的答案，反而是用靈活多變的生活經驗來分享自己的成長，更說明了他在當上總統前樂觀累積能量的人生歷程。

這段簡短的回應中點出了現實環境的影響，也說明了每個人應當付出的努力，還告訴我們：「一切要有開始，然後才會出現結果。即使沒有預料到日後的發展，只要我們肯努力，肯吃苦，未來的成就必定會超出預期。」

與其訂出終極目標，不如認真踩下每一個步伐。就像雷根說的，最重要的是依照當下的需要做出計劃和準備，未來不必多想，只要我們能一步步地走下去，自然能走到自己期望的未來。

對於心中希望的目標不必太多擔心，更無須煩惱太多。今天過了還有明天，記得好好把握住當下的機會和時間，你的未來就會變得越來越清晰。

隨著變化調整自己的步伐

生活越是一成不變,我們越容易迷失方向。
固定的姿勢擺久了也會現出疲態,在越以為
安穩的現狀中,我們越有可能遇上危機。

有些人遭遇挫折就自暴自棄,最後和自己的人生目標背道而馳,某些人卻把失意挫折當成是最好的磨練,最後開創出嶄新的生命版圖。如果你想出人頭地,就必須調整自己的想法和心態,如此才能看見和以往迥然不同的未來。

在彎彎曲曲的路途上,我們要不斷地修正自己的腳步,偶爾更要停下來仔細觀察目標方向是否出現變化。

其實,人生就像一首樂曲,有高音也有低音,有激昂也有平緩。忽快忽慢的旋律、忽強忽弱的樂音,變化越多的曲子往往越能讓人回味不已。我們的人生也正應該如此,不要遇到難關就沮喪悲觀,也不要被慣性和惰性牽著走,而要隨著環境變化調整自己的步伐。

加州大學曾經做過一個實驗,測試跳蚤跳起的高度。

當跳蚤跳起時,高度可達自己身長的四百倍左右,所以研究員常笑說:「跳蚤是萬物中的跳高王。」

不過,這一次,他們並不是想測試跳蚤到底還能跳得多高,

而是想找出跳蚤面對環境變化的應變情況。

實驗是這樣的，研究員先將一隻小跳蚤放進一個玻璃杯裡，然後仔細觀察跳蚤的跳躍情況。結果發現，跳蚤能夠很輕易地跳出杯口，一連換了好幾種玻璃杯，情況都一樣。

研究員再把這隻跳蚤放回杯子裡，接著在杯口上加了一只玻璃蓋。這一次，跳蚤一跳躍，登時重重地撞到了玻璃蓋。

被撞回杯底的跳蚤居然沒有停下來，還是不斷地跳著，也不斷地撞上玻璃蓋，更不斷地跌回杯底。

撞了許許多多次後，跳蚤終於冷靜了下來，不再用力跳躍，開始根據蓋子的高度，重新調整自己可以跳的高度。

跳了一段時間之後，研究員們發現，這隻跳蚤不再撞擊蓋子了，而是只在蓋子底下自由跳動。

又過了一段時間之後，研究員把蓋子拿掉，不過，跳蚤似乎不知道阻礙跳躍的蓋子已經去除了了，還是照著修正後的高度繼續跳著。

三天以後，這隻跳蚤還在杯子裡跳躍，甚至過了一星期之後，研究員回到實驗室，發現這隻可憐的跳蚤還在玻璃杯裡不停地跳著。

牠似乎已經無法跳出這個玻璃杯了。

從這個跳蚤的實驗裡，你是否也驚訝地發覺，原來現實生活中的人們，竟然也犯了相似的錯誤。

萬物都一樣，熟悉一個環境之後便再也不想改變，即使目標有誤，一旦習慣了生活模式或前進步調，大多數人便再也不想試著突破。

現在的你是否也如此，不管目標是否有偏差，不管節奏是否混亂，仍然堅持原本的步伐？因為太習慣現狀，所以怎麼也不願再改變呢？

其實，生活越是一成不變，我們越容易迷失方向。固定的姿勢擺久了也會現出疲態，在越以為安穩的現狀中，我們越有可能遇上危機。

從這個實驗中，我們學習到一件事：「生活隨時會有變化，我們要時刻保持警覺，隨時調整腳步，才能正確無誤地抵達希望的目標。」

人千萬不能淪為被命運支配的傀儡，即使生活到了難以忍受的地步，只要充滿信心與希望，凡事樂觀以對，終究會開創屬於自己的輝煌時光……

別讓輕忽成為一種習慣

現實生活中我們擁有的機會其實不多，明白珍惜的道理之後，對於已經握在手中的機會，我們是不是更應該好好把握？

教育家海倫凱勒曾說：「成千上萬的小事落在我們的手心裡，各式各樣的小機會每天發生，任由我們自由運用或濫用。」

機會無分大小，懂得運用就是好機會，但要是錯失了，就不再屬於你。

生活上的許多態度看似平常，其實都對我們影響甚鉅，因此許多激勵大師都強調一個生活觀念：「心態決定成敗！」

生活態度總是漫不經心的人，或是習慣丟三落四的人，他們因輕忽而錯失的機會肯定比別人多。

清晨的太陽還未露臉，河邊罩著一層厚厚的濃霧。

「啊！」河邊有個漁夫忽然痛得大叫了一聲。

「這是什麼東西啊？」漁夫摸索著剛剛不小心踩到的硬物，撿起來一看，是個裝滿小石子的袋子。

看著其貌不揚的袋子，漁夫並沒有多加理睬，只是靜靜地坐在河邊，耐心等待太陽東昇，開始他一天的捕魚生活。

距離日出還有段時間，漁夫閒來無聊，便拿起了剛剛踩到的

那袋小石子，隨手伸了進去拿了一顆出來，接著便往水裡扔，聽著小石子輕聲落水的聲音，感到十分有趣。

於是，漁夫便這麼一顆、兩顆地不斷地往水裡丟，一直到太陽升起。

「啊！」漁夫忽然又驚叫了一聲。

剛剛來到河邊捕魚的其他人，看著漁夫驚慌失措的神情，還以為發生什麼事了，問道：「你怎麼了？」

漁夫似乎沒有聽見同行的詢問，只見他嘴巴張得大大的，眼神更是顯得呆滯：「什麼！我……」

原來，就在太陽升起的片刻，漁夫準備將手中最後一顆小石頭丟出時，才發現那是一顆寶石。

寶石在日光的照耀下更顯露出迷人光芒，只是漫不經心的漁夫卻這麼錯過了擁有珍寶的機會。

只見他不斷地懊悔著：「我為什麼不多看一眼？我怎麼沒有再看仔細一點？老天爺都故意把珍寶放到我的腳下了，我怎麼沒有看清楚呢？」

所幸，漁夫的最後一顆寶石還握在手中。

看見漁夫錯失珍寶的經過，你是否也驚覺現實生活同樣也是如此？

太容易得到的機會，許多人也很容易輕忽，因為他們還不懂得其中的珍貴，未能珍惜手中的一切。

所以，從另一個角度來看，或者老天爺讓漁夫撿到寶石的同時，也安排了太陽升起的時間，對於那些不懂得珍惜的人來說，也許一顆就夠了，擁有太多他們恐怕也不會愛惜。

　　現實生活中，我們擁有的機會其實不多，明白珍惜的道理之後，對於已經握在手中的機會，我們是不是更應該好好把握？

　　即使在黑暗中，我們也不能輕易捨棄，如果不能確定手中握住的是什麼，請耐心等待黎明，等待日光照亮，讓我們看清手中寶物的價值。

決心行動就能創造奇蹟

只要我們下定決心行動，就一定能實現所
有可能，只要我們堅持不放棄，奇蹟就一
定會出現。

文學家普魯斯特曾經如此說：「萬事萬物都沒變，變的是我
自己，因為我變了，所以萬事萬物也跟著變了。」

的確，想要改變生活，就必須先從改變自己開始，因為，你
自己先要笑，才能引起別人臉上的笑容，你自己先要改變消極的
生活態度，才能從眼前的人生困境超脫，日子才會過得快活。

一旦決心行動，就別再胡思亂想，讓思緒和心境回復到簡單
平靜。唯有如此專心一意，我們的雙眼才能更清楚地看見目標，
也才能更早一步實現期待已久的夢想。

《列子》裡有一則故事說，古時候太行山與王屋山這兩座山
嶺，方圓七百里，高有萬仞，位於冀州的南方。

據說，在這兩座大山的北面，住了一位高齡九十歲的老人家，
名叫愚公，由於這兩座山阻礙了當地的交通，老人家每次都得攀
越這兩座山，才能到另一個地方。

這讓他十分疲憊，再加上他年事已高，每次得這麼翻山越嶺
到山的另一面實在很辛苦，於是他努力想法子，希望能把這個難

題解決。

這天，他召集家人們在大廳前一塊兒商量：「我想，我們一起把這兩座大山剷平吧！這或許要花費我們一生的力氣，但為了大家往來方便，我還是想開闢一條能通往南部，直達漢水南面的路，你們覺得如何？」

聽到這個方法，家人異口同聲地贊成，畢竟每次得這麼翻山越嶺實在太辛苦了，所以愚公一家人立即拿起了工具，開始挖走山上的土石。

不過，這時有個名叫智叟的老人，聽見愚公的異想天開，忍不住笑著勸他：「愚公啊！怎麼這麼傻呢？你看你年紀一大把了，恐怕連上山挑一擔草都有困難了，你怎麼挑走這一筐筐泥石呢？山怎麼可能剷得平呢？」

愚公嘆了口氣說：「那又如何？別忘了，即使我死了，我還有兒子在啊！兒子生了孫子，孫子再繼續生小孫子，總之，我家子子孫孫會一代代地傳下去，我的兒孫會無窮無盡地出生，但是，這山肯定不會再長高了，所以啦！你根本不必擔心我們剷不平啦！」

智叟一聽，無言以對。

後來，連山神也聽說了愚公這一番話，很擔心愚公要是剷平了山，那他就再也沒地方安身了，於是立即向玉帝報告。

玉帝聽完了山神的報告，被愚公的行為感動，便命令夸娥氏的兩個兒子把兩座山搬移，一座放到朔州的東部，另一座放到雍州的南方。

愚公憑著一股傻勁，最後竟然成功移走兩座山。

愚公移山是一則人人耳熟能詳的故事，情節雖然不盡合理，愚公的謬論也不合邏輯，但卻傳達一個正面的寓意，那就是：「不論遭遇什麼困難，都要有永不放棄的決心。」

只要我們下定決心行動，就一定能實現所有可能，只要我們堅持不放棄，奇蹟就一定會出現。

路是人走出來的，即使身在科技文明的今天，一切還是得依靠人類繼續創造和實踐，因此，我們絕對不能小看自己，更不能小覷別人。

即使困難重重，沒有人可以逼迫我們放棄，只要有想法和目標，我們都要積極行動，只要有毅力，誰都不能阻擋在我們前方。

10.
勇氣是成就未來的最佳利器

沒有試過，我們永遠也不知道，

前面看似搖搖欲墜的吊橋，

原來沒有想像中那麼危險，

更是我們踏入成功的最佳捷徑。

不要錯把「固執」當「堅持」

再筆直的路也偶爾會有一些小顛簸，再好
的方法也可能會有一些小缺點，即使我們
能眼觀四方，始終還會有看不見的盲點。

什麼是固執，怎麼才叫堅持，其中尺度拿捏確實需要一點智慧。不過，這裡有一個很簡單的辨識方法：「當你的堅持造成了別人的困擾，又或是因為太過堅持而讓自己失去了寶貴的機會，這些情況便不再是堅持的原意，而是人們公認的麻煩——『固執』。」

比爾原本是菲利普・莫里斯公司的首席理財專員，擁有哥倫比亞大學MBA學位，可說是所有金融公司積極爭取的人才。

不過，看似搶手的比爾，卻在菲利普・莫里斯公司被別家跨國公司收購之後，職務立即被其他的理財專員取代。換句話說，比爾失業了。

明白競爭環境的現實，比爾並沒有任何不滿，只有向以前的主管柯爾詢問：「在求職的過程中，你覺得我該怎麼做才能表現得更好？」

柯爾看了看比爾，滿臉認真地說：「比爾，我想你應該知道，在這個行業中的主管大都比較保守，如果你想在別人面前改善形

象，你必須刮掉鬍子，不管你喜不喜歡，這麼一來你面試的成功機率才會更高一些。」

但是，比爾卻搖了搖頭，似乎很不認同柯爾的觀點。

他說道：「如果他們不能接受我的裝扮，那將是他們的一大損失。」

柯爾嘆了口氣，對比爾說道：「你的實力我們知道，但是別人可不清楚你的能力啊！」

雖然柯爾了解比爾的想法，但是他仍然想說服比爾，希望他明白：「你可以在爭取到工作機會後再把鬍子留回來啊！」

然而，不管柯爾怎麼勸他，比爾始終置若罔聞，因為對他來說，肢體或形象上的偏好，不應該成為一個人能力上的阻礙。

就這樣，比爾失業了一年，一直到失業滿一週年的當天，還是沒有找到工作。到那一天為止，所有應徵過的公司沒有一間願意錄用他。

所幸，他在擔任首席理財專員時存了一筆錢，這筆財富不僅足夠買下一間小公司，更能讓他保住自己的鬍子，對他來說，工作和生活一樣，都要以最舒服的方式呈現。

在這個表現自我的時代，懂得堅持本色原本是件很好的事，但是如果「堅持」變成了「固執」，那可就不是件聰明人應該做的事。

就像故事中的比爾，雖然他最後靠著自己的力量找到機會，但始終還是晚了一些。

我們不妨試著從另一個角度來思考，比爾一開始如果肯退讓一步，根本不必多浪費那一年的時間，畢竟以他的自信與實力，

很快地便能擁有自己的辦公室，並自在地留下他想要的鬍子。

其實，再筆直的路也偶爾會有一些小顛簸，再好的方法也可能會有一些小缺點，即使我們能眼觀四方，始終還會有看不見的盲點。

所以，不管我們對自己多麼有信心，還是得學會謙卑，那並不是要我們當個只做表面工夫的人，而是為了讓自己能有更多的機會展現自我。

用感激的心情面對當下的環境

與其抱怨才智難伸，不如用更積極的態度去面對當下的環境，懷抱感激之心，不僅能讓人懂得珍惜把握。

　　不管是在工作上還是一般待人接物中，常帶微笑的人始終比板著面孔的人更具有說服力，也更容易讓人產生信心。

　　帶著正確的生活與工作態度，才能讓我們自信地走向未來。

　　畢業後，便順利投身職場的漢德森，在一間小公司工作一段時間後，便很幸運地轉換到另一間大企業公司中任職。在這間有上千名員工的大公司裡工作，漢德森不像過去一樣事事都得自己來，可以更專注於自己擅長的工作上。

　　當然，有優點自然就有缺點，因為在這個人才濟濟的大公司中，漢德森發現他的伸展舞台變小了，再也無法像從前那樣揮灑自如。

　　這一點對想積極展現自己的漢德森來說，當然是一件非常糟糕的事：「要怎樣才能讓主管們知道我的能力呢？最起碼該讓他們先認識我吧！嗯，對一個新進人員來說，我應該先加強自己的競爭實力，才有機會展現我的能力。」

　　不過，幾千名員工每天在公司中進進出出，每張嚴肅的面孔

像似陌生的過客般，想讓主管們一眼認出或是記住自己，恐怕不是件容易的事。

「我該怎麼做才能讓主管發現我，並記住我呢？」漢德森每天都反覆地思考著這個問題。

時間眨眼便過，又到了年底發放年終獎金的時候了，這對辛苦一年的員工們來說雖然是最快樂的時刻，卻也是他們幫公司「反省」的最佳時候。

不管自己拿到了多少獎金，也不管對方是否熟識，他們還是能靠著這個共同的話題熱烈交談。有人批評獎金不公平，有人諷刺主管不知體恤，似乎沒有對公司提出一點批評或埋怨，就不是這間公司的一份子一般。

辛苦工作了一年，發發牢騷也確實情有可原，不過，在這個時候還是有個人沒有加入這個批判行列，他正是漢德森。

第二天，他將一封封感謝函送往公司幾位主管及總經理的桌上，上面寫著：「您辛苦了，在這個時候我很想表達心中的謝意，非常感謝您這一年來的指導與教訓，漢德森。」

這天，漢德森「又」在電梯裡碰到了總經理了。

沒想到總經理突然笑著對他說：「咦，你是漢德森吧！你一會兒到我的辦公室來，我想和你好好聊一聊。」

你的抱怨還是很多嗎？

你一整年都是帶著這樣的態度在工作嗎？

如是答案是肯定的，那麼，請坦然地接受你「有志難伸」的現實吧！

因為，對機會而言，最厭煩的事正是聽見埋怨，因為它知道，

一個只會不住埋怨的人，根本不知道要怎麼發揮自己的才能，更不知道如何把握它，與其留在一個不懂得珍惜的人手中，不如飛向另一個合適的對象。

其實，獲得機會的方法一點也不難，只要我們用正面積極的態度去尋找，便能在某個小角落找到千載難逢的良機。

就像漢德森一樣，為了幫自己爭取機會，他糾正了自己的工作態度與方向，沒有像其他人一般宣洩情緒。從中，我們可以很清楚地看見，漢德森抓到了感激與回饋之間的互助關係，更以積極態度面對公司與自己的未來。

與其抱怨才智難伸，不如用更積極的態度去面對當下的環境。懷抱感激之心，不僅能讓人懂得珍惜把握，也讓人更懂得付出的真義，終有一天我們一定會得到相同的回饋。

實現目標的最好方就是往前看

不必擔心腳下的道路是否充滿荊棘。勇敢
地往前看，為了讓我們的鬥志更加堅強，
實踐的決心能更加堅定。

　　就行為心理學的說法，習慣低頭走路的人大都很害怕挑戰，
於是，許多人都以這麼下結論：「老是低頭前進的人，很難有成
功的一天。」

　　這樣偏頗的結論當然令人擔心，但卻是一般人的判斷標準，
所以想實現目標的人，請立即抬起你的頭，往前看。如此一來，
你才能專注地朝著未來的夢想目標前進。

　　著名的演說家哈特瑞爾・威爾森，經常提及他小時候的一段
親身經歷。

　　小時候，他住在德克薩斯州的一個小鎮。

　　有一天，他和兩位朋友一同到某段廢棄的鐵軌玩耍。威爾森
的這兩個朋友的身材大不相同，一個是瘦瘦弱弱的模樣，另一個
則是個小胖子。

　　當時，他們在鐵道上舉行了一項比賽，看誰能在鐵軌上走得
最遠。

　　威爾森原本以為自己和較瘦的朋友會走得很遠，但結果完全

相反，他們兩個人只走了幾步就跌了下來，反而是那個較胖的男孩走得最遠。

比賽結束後，威爾森立即不解地問胖朋友：「你有什麼秘訣嗎？為什麼你可以走那麼遠呢？」

沒想到胖朋友居然說：「你跟他在走鐵軌時，一定只顧著看自己的腳，是吧！那當然要跌下來了，我啊！因為我的肚子太突出了，根本看不到自己的腳，前進的時候只好選擇鐵軌上的某一個物體作為目標，然後專心地朝著那個目標物走去。當我接近這個目標後，我又會選擇另一個物體作為目標，然後再繼續朝著新的目標前進，所以我當然走得最遠囉！」

聽著胖朋友說那麼多，當時威爾森和另外一個瘦子居然聽不大懂，還問他：「那什麼意思？」

只見胖男孩頗富哲學意味地說：「那是說，前進的時候，如果你只顧著自己的腳，你就只會看見腳下的鐵銹和發出異味的植物而已。至於我的眼睛，卻因為不是盯著自己的腳步，反而更能在潛意識中確定一個目標，當我的潛意識將這個目標傳遞信號到雙腳時，我的雙腳更能協調地配合，最終實現我設定的目標囉！」

頗富哲思的胖男孩從鐵道上領悟的生活哲理，你是否明白呢？

故事的旨意其實很簡單，就是「往前看」三個字。

一味地把頭壓得低低的，反而因為太在意腳下的步伐而失去了平衡，更會因為只看得見腳下的足印，而忽略了前進方向早已走偏的危機。

事實上，老是低著頭細數自己步伐的人，往往更容易數漏了生活的腳步，因為太過仔細與小心，反而很容易讓人鑽牛角尖，

為自己帶來無謂的擔心與恐懼，甚至走向失敗而不自知。

面對目標，只要我們能心無旁騖、專心致志，就不必擔心腳下的道路是否充滿荊棘。勇敢地往前看，不是因為害怕失去目標，而是為了讓我們的鬥志更加堅強，實踐的決心能更加堅定。即使軌道出現斷裂，不必低頭，我們也能輕鬆跨越，繼續朝著最終目標前進。

誠實才是推薦自己的保證書

過多的裝飾或刻意的偽裝，一旦被人戳破後，不僅到手的機會立即喪失，往後的機會恐怕也要從此失去。

正準備前往面試的你，別再花那麼多的心思包裝外表，因為最好的包裝服飾不是香奈兒，而是自己的特色。

渾然天成的自信與機智，才是你推薦自己最好的保證。

在丹弗分校經銷商的辦公室裡，古德曼正在應徵銷售員的工作。坐在他前方的經理約翰，看著眼前這位身材瘦弱、臉色蒼白的年輕人，竟當著他的面搖了搖頭。

接著，約翰先生照慣例提出問題：「你做過推銷工作嗎？」

「沒有！」古德曼回答道。

「我想也是，現在，就讓我出幾道關於行銷的問題問問你，請問，推銷員的目的是什麼？」

「要讓消費者了解產品的功能和特性，進而心甘情願地掏出錢來購買。」古德曼不假思索地答。

約翰先生點點頭，又問：「你會用什麼樣的方式與消費者展開對話？」

「『今天天氣真好』，或是『你的生意似乎不錯』。」

雖然古德曼曾停頓了一下才回答，但約翰先生的反應仍然是點頭。「好，如果我交給你一台打字機，請問你要怎麼向農夫推銷？」

古德曼想了下，接著慢慢地回答：「對不起，先生，我無法向農夫們推銷這種產品，因爲他們根本用不著。」

沒想到約翰先生一聽，居然高興得從椅子上站了起來。

這一次，他的頭點得十分用力，只見他拍了拍古德曼的肩膀，興奮地說：「年輕人，好，你通過了，我相信你會成爲一個出類拔萃的推銷員。」

是什麼樣的原因讓約翰先生從這麼相信古德曼呢？

因爲最後一個題目，這麼多的應徵者中只有古德曼的答案令他滿意。之前每一位應徵者總是編造一些不切實際的方法，根本沒有人考慮到行銷時的第一要件：「找出消費者的眞正需要。」

我們可以這麼說，古德曼的成功不在於擁有過人的聰明機智，只在於一顆簡單而誠懇的心。不必花招百出或裝腔作勢，只要帶著簡單誠實的態度應試，成功的機率就一定比別人高。

過多的裝飾或刻意的僞裝，只會讓我們顯得更加笨拙。特別是僞裝，一旦被人戳破後，不僅到手的機會立即喪失，往後的機會恐怕也要因爲這個不良紀錄而從此失去。

仔細領悟，我們便能看見這個故事要告訴我們的道理：「別擔心自己是塊璞玉，無法發出耀人的光芒，只要你是塊美玉就沒有人可以否定你的價值。最重要的是，每一個老闆都想找一個眞實可靠的人才，即使看起來是塊璞玉，內行人始終會看見你的內在光芒。」

坦誠是贏得信任的唯一方法

 除了記取教訓之外，更要懂得把握現在，只要我們能坦誠地面對自己，真誠地待人，我們終究能為自己找到新的價值定位。

　　無論是對別人坦白，還是誠實地面對自己，「真誠」是每個人面對生活最重要的態度。

　　因為，缺乏真心的人處世必定行事畏縮、言辭閃爍，不僅無法取信於別人，更無法取信於自己。

　　出生於貧苦農民家庭裡的豐臣秀吉，父親很早就去世了，八歲的時候，母親迫於生計，不得已送他去當小和尚。

　　但是，淘氣的豐臣秀吉進入寺院不到一年，便把大香爐打破了，由於老和尚們實在管不住他，最後便將他退回家中。

　　母親看見孩子這麼不成才，內心充滿無力感，但是又不能不管他，於是送兒子去染布店做學徒。這一次更糟糕，因為他不到一月便被辭退。就這樣，不到三個月的時間，豐臣秀吉一連換了十幾個地方。

　　每一家商店一見到豐臣秀吉都搖頭，雖然在十六歲時，他被一位武士收留，但有一天，被迫與人比武時，卻因為表現太過高傲、狂妄，讓收留他的武士有些擔心，最後只好讓他離開武館。

從此，豐臣秀吉又開始了流浪生涯，沒有一技之長的他，在戰火燎原的歲月裡，有如乞丐一般四處遊走。

直到他遇到了尾張八郡的領主織田信長，人生終於出現轉機。

一看見織田信長，豐臣秀吉連忙大喊：「等等！」

織田信長問：「有什麼事？」

豐臣秀吉說：「請讓我做您的家臣！」

織田信長笑著問：「爲什麼要做家臣？」

「因爲，我想跟隨能稱霸天下的賢主。」

「那你的武藝如何？」

豐臣秀吉老實地回答：「很差。」

「讀過書嗎？」

「沒有！」

「你認爲自己有什麼才智？」

「我知道自己比不上別人。」

「是嗎？你究竟有什麼專長值得我用你？」

「對不起，我沒有任何專長。」

「喔？挺老實的嘛！只是，你到底憑什麼追隨我？」

只見豐臣秀吉用力地說：「眞心！」

聽見「眞心」這兩個字，織田信長完全被鎭服了，從此豐臣秀吉便跟在織田信長的身邊，並展開他輝煌的未來。

一顆坦白眞心讓豐臣秀吉成爲日本歷史中的重要人物，曾經狂妄自負的豐臣秀吉，在歷經辛苦流浪的生涯中，看盡了人世的冷漠，也嚐盡了人間的冷暖，所以他知道，眞誠待人便能換得相同的眞心。

　　清楚知道自己才幹的他，雖然在年少輕狂時一再地錯失機會，但最終總算能在醒悟時及時把握，為自己和日本創下前所未有的輝煌歷史。

　　其實，我們無須仔細記下歷史人物發跡過程中的每一段故事，因為每一則故事的旨意都很相近。人難免會有過去，走過之後，我們除了記取教訓之外，更要懂得把握現在。只要我們能坦誠地面對自己，真誠地待人，無論過去如何荒唐，終究能為自己找到新的價值定位。

　　所以，別再自囚於過去的陰影中了，想重新開始一點也不難，因為你未來始終是你自己的，只要相信自己，接下來自然能取信於別人。

不放棄就一定有機會

自信是每個人最好的依靠，勇氣是我們最佳的伙伴，如果你的夢想沒有破滅，不妨多給自己一點信心。

看見山路崎嶇，你習慣退回原地重新開始，還是停在路口不住埋怨：「為什麼這條路那麼崎嶇？為什麼老天爺不給我一條平坦的路？」

其實，對堅決不放棄的人來說，無論退回原點重新開始，還是繼續前進，他們都知道，自己終有一天定能到達山峰。

反之，那些只知道抱怨的人，即使有人指引他們一條平坦的山路，最終還是會嫌坡度太陡。

有個美術系剛畢業的女生，對於布料圖樣的設計非常感興趣，在畢業前夕，便選定了未來要走的路了。

但是，想進入這個行業並不容易，對於這個剛出社會的女孩來說自然困難重重。大部份的服裝設計師與配合的上下游廠商大致是固定的，對於這個完全陌生，甚至還只是初出茅廬的設計者根本就沒什麼興趣與信心。

這天，當女孩又拿了一堆精心設計的作品到一間著名的設計師公司時，助理連看都沒看就想打發她走。在她苦苦哀求，助理

只好軟下心腸答應：「好吧！我拿去給計師看一下。」

不久，助理終於走出來了，只是答案和過去被拒絕的情形一樣：「對不起，設計師說我們的設計圖太多了，實在沒時間看，而且我們早就有固定的合作伙伴了，所以您請回吧！」

四處碰壁的女孩心情非常沮喪，但是，她還是堅地對自己說：「不行，妳一定要堅持下去！或許這些推銷方法不對，我得再想想其他的辦法，相信只要我找對了方法，就一定能打破僵局。」

有一天，女孩走在路上正巧遇到了一位名歌星的簽名會。看著宣傳照上的美麗服飾，女孩突然靈機一動，跟著歌迷們擠到了前方。

人龍一個接著一個，女孩終於等到機會了。

「妳好，我好喜歡妳喔！我真想為妳設計一些漂亮的服裝，請妳幫我在這幾塊布上簽名，這是我剛剛設計出來的圖樣喔！」

女孩抓緊機會宣傳自己的作品。

沒想到這位歌手對她的作品十分感興趣，親切地對女孩說：「真漂亮，這些全都是妳設計的嗎？能不能請妳和我的設計師聯絡，我想用妳這些布料做衣服，可以嗎？」

接著，歌手從口袋裡挑出一張名片：「這是她的電話，妳直接告訴她，是我要妳過去的。」

只見女孩瞪大了眼，顫抖著聲音說：「這是真的吧！不是，我是說，好，我明天就過去。」

第二天早上，女孩再度出現在曾拒絕她的設計師面前，並拿出歌手簽了名的布料說：「您好，是她叫我來找妳的，她說希望能用這些布料做衣服。」

希望其實一直在每個人的心中，只要我們不輕易放棄自己的夢想，美夢成眞的機會就不會棄我們而去。

故事中的女孩，雖然一再地被否定與拒絕，但是帶著夢想前進，她始終堅持相信：「我的夢想一定能成眞。」

走進現實生活中，相信有許多人正和女孩一樣不斷地遇到挫折，也許你曾寄了上百封個人資料，希望能得到一個工作機會，也曾經接到上百封的「很抱歉」的回覆，那麼，面對著一張又張的被拒回函，你都怎麼告訴自己？

是嘆了幾聲，然後說：「根本沒有人想用我！」還是像女孩一般對自己說：「沒關係，一定還有其他的機會。」

一開始我們都是在跌跌撞撞中展開自己的人生，應該很習慣「跌倒」的感覺，當然也更習慣「再站起來」的經驗，是吧！

其實，生活之中並不需要有太多的運氣，因爲自信是每個人最好的依靠，勇氣是我們最佳的伙伴。

如果你的夢想沒有破滅，不妨多給自己一點信心，只要你能再積極一點，充分地展現你成功的企圖心，夢想一定能實現。

機會是靠自己爭取而來的

機會要靠自己去爭取，別再亦步亦趨地跟著別人走，偶爾跳開保守的規矩，動動你的聰明腦袋，機會便將直奔你的懷抱。

別以為機會可以一等再等，如果你不能主動爭取，即使別人錯過了它，也不代表你就一定會擁有它。

機會只會與主動爭取它的人配成對，對於那些只敢遠遠觀望的人，機會只能無奈地嘆氣，因為它知道，一個沒有勇氣爭取機會的人，即使把機會給了他，恐怕也不懂得如何把握。

暑假那麼漫長，十六歲的佛瑞迪想：「每天都待在家裡一定很悶。」

於是，他鼓起勇氣對父親說：「爸爸，我不想整個夏天都向您要錢，我想出去打工。」

父親似乎不太了解他的目的，便說：「是嗎？那好，我會想辦法幫你找份工作，不過，現在恐怕不太容易找得到。」

佛瑞迪一聽，連忙解釋：「爸爸，我不是要您幫我找工作，我會自己去尋找。還有，請您對我有信心一點，就算現在職場徵人的情況不佳，我也一定會找到工作。因為，不管再怎麼不景氣，總有些人可以找到工作的。」

「哪些人？」父親懷疑地問著。

「那些會動腦筋的人啊！」佛瑞迪答道。

父親允許佛瑞迪出去打工後，他立即翻閱報紙，在求職欄上找了一個很適合他的工作。七點四十五分，佛瑞迪便已經出現在應徵公司的門口了，雖然八點才開始面試，但是以為已經早到的他，卻看見門口早就排了將近二十個男孩在等候。

「居然有這麼多競爭者，等一下我要怎麼表現自己呢？」佛瑞迪在心中仔細地思考這個問題。

「在這個重要時刻，我得好好地動一動腦，我要怎麼做才能讓面試官注意我呢？」佛瑞迪的腦海繼續出現了第二個準備解決的問題。忽然，佛瑞迪拍了一下自己的大腿：「是啊！我可以先這麼做。」

旁邊的人看見佛瑞迪突然打了自己一下，接著還拿出紙筆寫字，都以為佛瑞迪太過緊張，以致於行為失常了呢！

很快地，佛瑞迪完成他的便條，只見他將摺得整整齊齊的字條交給秘書，然後十分恭敬地對她說：「小姐，能不能請您這張字條交給您的老闆呢？這個字條十分重要喔！」

女秘書看著這個滿臉自信的男孩，忍不住說：「是嗎？好啊！不過，我得先看看你寫了些什麼。」

只見她打開字條，接著忍不住笑出聲：「好，你等等啊！」

女秘書果真答應了佛瑞迪的要求，將字條送進老闆的辦公室，老闆看了字條也忍不住大笑一聲，還連聲說「好」。

最後，佛瑞迪果真得到了這份工作，而且頗受老闆的器重。

差點忘了，佛瑞迪的字條其實也沒什麼，紙上只不過簡單寫著：「您好，我排在隊伍中的第二十一位，在您還沒看到我之前，請不要做任何決定。」

　　當你讀到佛瑞迪的字條時，想必也忍不住會心一笑吧！

　　仔細地閱讀佛瑞迪的字條，相信你也看見了佛瑞迪的勇氣與機智，然後也不得不承認他的成功理論：「會動腦筋的人一定會成功。」

　　對於一個充滿自信的人來說，沒有什麼事會難倒他，即使每個人都勸告他說「這條路一定困難重重」，他還是會堅定地告訴對方：「別擔心，我一定會獲得最後的成功！」

　　勇氣和決心、智慧與自信，無論哪個組合都是成功者必備的條件。從佛瑞迪的身上，我們不僅看見他的聰明，更預見他的成功未來，雖然只是一份打工機會，他卻充分地展現了大將之風。

　　儘管佛瑞迪並沒有在故事中寫下什麼錦言妙語，但是透過簡單的字條，我們仍然可以看見寓意深遠的啟示。

　　路是靠自己走出來的，機會更要靠自己去爭取，別再亦步亦趨地跟著別人走，偶爾跳開保守的規矩，動動你的聰明腦袋，機會便將直奔你的懷抱。

勇氣是成就未來的最佳利器

沒有試過，我們永遠也不知道，前面看似搖搖欲墜的吊橋，原來沒有想像中那麼危險，更是我們踏入成功的最佳捷徑。

　　一個有勇氣與責任感的人，不管什麼樣的工作交到他的手中，都一定能順利完成，即使遇上麻煩也必定能逢凶化吉，化險為夷。

　　如果你也是個充滿好奇心且勇於面對的人，現在不妨給自己多一點行動與探索的勇氣吧！

　　有一間行銷公司的總經理正向員工們叮嚀一件事：「你們到八樓時，別走進那間沒有掛上門牌的房間，知道嗎？」

　　「是！」雖然總經理並沒有解釋原因，但員工們還是全部乖乖地答應。

　　一個月後，八樓那個房間果真從未有人開門進去，在此同時，公司又新招聘一批員工，總經理也再次向新進員工叮嚀一次。

　　只是，這回卻有個年輕人嘀咕著：「為什麼呢？那裡該不會藏了什麼不可告人的秘密吧？」

　　當年輕人提出質疑時，總經理並未加以解釋，只是簡單地回答：「沒有什麼特別的理由。」

　　這樣的答案當然滿足不了年輕人的好奇心，他回到位子後仍

然困惑著：「既然沒有什麼特殊原因，為什麼不能進去呢？」

坐在他身邊的資深員工便勸他：「做好你自己的事就對了，其他的事就別再多想，乖乖聽總經理的話準沒錯。」

「是嗎？」年輕人滿臉不以為然地看著同事，這時他已經打定主意一定要去「一探究竟」。

到了傍晚，年輕人趁著大家正忙於下班的緊張時刻，一派自然地走到了八樓，只見他隨手敲了敲「神秘之門」，卻見門被敲了開來，原來這個門只是虛掩，根本沒有上鎖。

「這個情況會有什麼秘密呢？」年輕人完全摸不著頭緒地思索著。

他走進門，卻見屋子裡什麼東西都沒有，只有一張紙牌掛在牆上，上面寫有幾個鮮紅的字跡：「請把這張紙牌交給總經理。」

沒想到，年輕人真的拿下了紙牌，直接朝總經理室走去。

這時，同事們知道他「闖禍」了，紛紛勸阻他：「喂，你快把紙牌放回原位吧！我們會幫你保守密秘的。」

但是，年輕人卻搖了搖頭說：「不行，既然我敢違反規定走進去，就要為自己的行為負責，上面既然寫明了要交給總經理，那我就得送去給他，其他的就任憑處置。」

但令人意外的是，當大家以為年輕人恐怕要被革職的時候，總經理居然走出來宣佈：「從今天開始，約翰調升為行銷經理。」

才剛剛踏入職場的約翰一聽，自己也吃驚地問：「因為這個紙牌嗎？」

總經理點頭說：「是的，我已經等了這個紙牌快半年。總之，我相信你一定能勝任這項職務。」

既有勇氣又有責任感的約翰，果然不負總經理的賞識，半年內便讓銷售部門的成績創下最佳紀錄。

　　從約翰的身上，我們看見的不只是好奇心，還有敢於挖掘問題的勇氣，以及讓他成功接下重任的負責態度。

　　或許有人要質疑，故事的結果會不會恰好相反，約翰非但無法升遷，更有可能因此丟掉工作。

　　不過，只要我們換個角度想，便能否定這個假設。

　　因為，一個勇往直前的人即使丟掉機會，很快地，便能找到另一個機會；一個勇於承擔責任而不逃避的人即使違規，聰明的主管也會因為他勇於面對的責任感，再給他一次機會的，是吧！

　　如果我們真有才能，就不該只會唯唯諾諾，聽主管說一句自己才動一步，有為者不僅要懂得舉一反三，更要比別人具有遠見與實踐勇氣，即使明知前方危機重重，也要大膽嘗試。

　　因為，沒有試過，我們永遠也不知道，前面看似搖搖欲墜的吊橋，原來沒有想像中那麼危險，更是我們踏入成功的最佳捷徑。

11.
連死神也怕咬緊牙關的人

能夠咬緊牙關走過艱難的人，

　　在他們身上都有一股十分驚人的支持力量，

　　那是擊敗厄運之神的重要武器。

信心能讓一切不可能變成可能

即使人生困難重重，只要我們相信自己，
那麼無論別人認為事情有多艱難，我們最
終都一定能輕鬆渡過。

　　我們永遠都不知道自己的潛能有多強，但無論如何要給自己
一份信心，因為唯一能開啓生命潛能的人，只有我們自己！

　　只要我們能肯定自己，相信自己，那麼無論成功之門有多沉
重，我們也能用一己之力輕鬆開啓。

　　有一天，釋迦牟尼佛要到恆河的南岸說法，有位虔誠的信徒
一聽聞佛陀即將弘法，便不遠千里地來到恆河的北岸，準備到南
岸去聆聽大師的教誨。

　　但是，當他到達恆河的北岸時，卻發現那裡沒有渡船，若是
繞到另一條路徑，又恐怕走到對岸時，法會已經結束了。

　　「怎麼辦才好呢？」男子煩惱地想著。

　　於是，他只好問在旁邊休息的一名男子：「請問，這個河水
深不深啊？有沒有其他方法到達對岸？」

　　男子說：「請放心，這河水淺淺的，差不多只到膝蓋而已。」

　　男子一聽，開心地說：「真的嗎？那我不就可以涉水過去？」

　　只見他話才說完，便將雙腳踏入水中行走，不可思議的是，

最後他竟然眞的從河面上走到了對岸。

正在恆河南岸聽法的人，看見這個男子竟然渡河走了過來，每個人都嚇壞了，因爲他們知道河水有好幾丈深。

有人擔心地問佛陀：「這該不會菩薩想指示什麼吧？不然，他怎麼能從河面上走過來？」

佛陀微笑著說：「其實，他並不是什麼菩薩的化身，他和你們一樣都是平凡人，也和你們一樣，只是對我所說的話都抱持著絕對的信心，所以，他可以從河面上輕鬆走來。」

「因爲相信，所以不可能也能成爲可能！」這是釋迦牟尼佛在故事中要傳達的旨意。

在我們的身上原來就存在一種潛能，一種可以讓自己完成任何可能的「自信力量」；一如故事中的平凡信徒，因爲相信佛陀的話，於是在心中也建立起了橫越恆河的信心，也同時開啓了自己在河面上行走的可能。

其實，故事中的「自信」與「潛能」，並不是深奧難懂的佛學哲理，那只是一個很簡單的生活禪思，告訴我們：「即使人生困難重重，只要我們相信自己，那麼無論別人認爲事情有多艱難，我們最終都一定能輕鬆渡過。」

態度嚴謹自然能呈現完美

所謂的追求完美只是一種態度，沒有人能
確切地說出完美的標準，我們唯一能列出
的完美標準，只有「好還要更好」。

散漫的人無法摘到甜美的果實，因為以漫不經心的態度對待
事物，他們總是挑到最爛的。

反之，嚴謹的人從不輕易地摘取果實，因為他們嚴選辛苦栽
種的成果，要讓手中摘下的每一顆果實都是最佳首選！

文壇上每個人都知道，托爾斯泰對於自己的創作要求十分嚴
謹，文章準備刊登在報紙前，都會要求親自校對。

每當編輯們一聽說托爾斯泰要校稿，無不個個繃緊神經，因
為稿子只要一回到他的手中，即使已經是最後校對工作，也可能
要拖上好幾個月。

例如，《安娜‧卡列琳娜》的藍圖在回到托爾斯泰的手中後，
紙張上便出現了許多符號。剛開始文句旁邊的文字增減尚能辨識，
但是隨著大師的修改次數越來越多，到最後連原來的底稿文字都
難以辨識了。

幸好，托爾斯泰的夫人看得懂他的文字與慣用符號，等丈夫
寫完一份稿子後，立即重新謄寫。

　　但是，別以為謄寫完後就沒事了，第二天早上，托爾斯泰夫人又將再抄寫一次。因為，工作嚴謹的托爾斯泰，已經在新謄好的稿紙上又添上了許多新的符號與塗改痕跡，辛苦的托爾斯泰夫人因為丈夫一再的修改，必須重新謄寫了一遍又一遍。

　　於是，改字修句的工作一再地重覆著，也讓交稿的時間越拖越長，而編輯們為此也得一再地修正刊登日期，甚至有時候都已經交稿了，托爾斯泰還會忽然想起有幾個字要修改，立即撥電話請報社編輯幫他更正。

　　這就是作家托爾斯泰的文字態度，也是他嚴謹的人生態度。這樣的創作堅持讓他有足夠的耐力與毅力，以七年的時間與改寫八遍的次數，完成世人十分喜愛的史詩巨著《戰爭與和平》。

　　據說，這本書的每一個章節都有七個版本，托爾斯泰幾度修正後，最後才決定今天流傳的版本。

　　其他，像是《生活的道路》一書，他光是為了寫出好的序言，便寫下了近一百篇的草稿；另一篇名為《為克萊塞爾樂章而作》的短文，最後選定要發表的內文僅有五頁，但散落在桌面上的手稿卻超過了八百頁。

　　這是托爾斯泰的創作熱情與執著，在他的日記本中曾經寫了這麼一段話告誡自己：「你必須永遠丟棄『寫作可以不修改』的想法，因為即使改了三遍、四遍都不夠！」

　　因為修一遍不夠便要再修第二遍的嚴謹態度，讓世人對托爾斯泰的作品推崇備至，因為對創作的使命與堅持，讓托爾斯泰的作品充滿了生命張力。

　　無論時空環境怎麼變動，也無論讀者閱讀了多少次，他的作

品總是能不斷地給讀者新的啓發。

這是托爾斯泰的創作堅持，也是我們必須學習的人生態度。

要怎樣才能呈現完美？托爾斯泰在文中點出：「沒有人能眞正地達到完美，但是我們仍然要力求完美！」

其實，所謂的追求完美只是一種態度，沒有人能確切地說出完美的標準，因爲標準因人而異，我們唯一能列出的完美標準，只有「好還要更好」，一如托爾斯泰在日記本裡提醒自己的。

能觀察入微便能看見成功的關鍵

因為觀察入微，所以能見微知著；因為常
發現別人尚未發現的契機，所以總是能搶
得先機！

能見人所不能見，才能為人所不能為。能見微知著的人，才
能不錯過任何成功的機會。很多時候，那些困擾著我們的難題，
答案經常藏在人們最容易忽略的角落。

據說，約翰·甘迺迪總統是個非常重視小地方的人，他在檢
閱儀式中曾發現，海岸警衛隊中竟沒有一個黑人士兵，為此還當
場派人進行調查。此外，在他就任總統後的第一個春天，第一個
發現白宮草坪上長出了蟋蟀草，不久園丁們便接到總統親自下的
命令：「快把蟋蟀草清一清！」

更令人吃驚的是，他剛就職時便能在第一次的記者招待會上
清楚解說美國從古巴進口一千二百萬美元的糖務，據幕僚人員透
露，在此之前有關部門只向他報告過一次而已。

凡事都鉅細靡遺的甘迺迪總統，事事干涉的風格並沒有被美
國人指責，反而讓人們更加佩服他的工作態度。

與甘迺迪相比，其他歷任的美國總統也不遜色，其中又以羅
斯福總統的驚人記憶力最為人稱道。

第二次世界大戰時，有艘船在蘇格蘭附近沉沒，沉沒的原因有人說是被魚雷所擊中，也有人說是觸礁所致，羅斯福聽見消息，認為觸礁的可能性最大。為了支撐這個結論，羅斯福還滔滔不絕地背誦出當地海岸漲潮時的具體高度及礁石在水下的確切深度和位置。

羅斯福詳細且肯定的分析，當場說服了許多人，也令很多人暗中折服，因為他只不過看了報告一眼，便將內文全部記住。

其他像是約翰遜總統也有如此表現，有一次，約翰遜剛剛在國會參議兩院聯席會上致完詞，有位參議員跑上前去，向他表示祝賀之意。約翰遜笑著說：「謝謝您，大家已經送給我八十次的掌聲了。」

參議員一聽，立即跑去核對會議記錄，結果令他十分驚訝：「沒想到總統連掌聲的次數也數得那麼清楚！」

在邁向成功的道路上，除了累積實力之外，更要具備從身邊細微的現象，觀察並推演整個大環境未來發展的能力，唯有這樣才能掌握契機，在激烈的競爭下永遠立於不敗之地。

成功的因果在於：「因為觀察入微，所以能見微知著；因為常發現別人尚未發現的契機，所以總是能搶得先機！」

因此，能準確背出礁石與深度的羅斯福，其成就不僅為世人矚目，後來更成為世界史中不可或缺的人物之一；甘迺迪總統的細心態度，則讓人們願意給予肯定與支持。

待人之時我們可以大而化之，因為那有助於人際溝通，但是做事之時務必掌握細微，因為細心原本就是成功的重要輔佐，只要我們能觀察入微，自然能掌握成功的重要關鍵。

活用你的智慧,創造無限商機

一個具有商業眼光的人,總是能緊緊地捉牢人性心理,並早別人一步看見商機,緊緊把握最好的機會!

眼前的東西倒底價值多少,前方的台階到底是不是最好的成功跳板?

只要我們能把眼光放遠,讓實力充分展現,把培養出來的獨到見解與獨立判斷的能力冷靜地表現出來,自然能輕鬆地達到想要的目標。

在這場郵票收藏的競標會上,出現許多珍貴且難得一見的郵票珍品,因此吸引了上千名家收藏家前來競標。

此刻正進入了高潮,因為台上出現兩枚僅存的黑便士郵票,台下的收藏家們也進入情緒高昂的狀態。

這對郵票從二萬美元開始起跳,接著是五萬美元的喊叫聲,台下喊出來價格越來越高,一下子便喊到了四十萬美元的天價。

忽然,角落裡爆出現了一個聲音:「二百萬美元!」

「哇!」這個喊價聲立即驚動了每一個人。

一個中年男子走上台繳款,但沒想到他上台後卻做出了這樣的動作,先是將兩枚郵票撕開,接著竟拿出打火機將其中一枚郵

票點燃了！

在場所有人一看，爭議聲紛起，有人斥責中年男子不懂珍惜，更有人直斥他是瘋子，現場不論是台上還是台下的人，全都指著他議論紛紛。

這時，台上的中年男子舉起了手，喊道：「各位，請冷靜聽我說！我之所以會用高價買下這對郵票，是因為其中一枚藏有一個無價的秘密，然而，想找到這個天大的秘密，卻必須先將其中一枚郵票燒掉。」

忽然，中年男子又說道：「現在，我願意將這枚郵票再提供出來拍賣，只要有人願意買下這枚郵票，我便會將這個秘密告訴他。」

現場所有的收藏家們一聽，立即又開始喊起價來，現場的氣氛簡直可以用瘋狂兩個字來形容，眾人的喊價聲此起彼落，爭相競標，每個人都渴望知道其中的秘密！

最後，這只郵票以九百萬美元的天價賣出，得標的人非常興奮地拿著支票上台領取郵票，並著急地問中年男子：「這張郵票的秘密是什麼？」

中年男子一接過九百萬美元的支票後，接著便在那名得標者的耳邊，小小聲地說：「秘密就是，這枚郵票如今是世界僅存的郵票，是獨一無二的珍寶，從此它對你來說是價值連城的寶貝了，你一定要小心翼翼地保存它啊！」

一張郵票能擁有有多少價值，就如同故事中明白展示出來的，一切都取決於人的機智。

為了提高郵票的價值，中年男子大膽地燒毀其中一張郵票，

接著還故弄玄虛地說郵票藏有一個秘密，這一連串的動作無非就是為了打動人心，提高人們的好奇心之後，郵票的價值便在人們佔有慾的加溫下提高。

這是一個非常絕妙的心理戰術，也是我們真正要學習的地方。一個具有商業眼光的人，總是能緊緊地捉牢人性心理，並早別人一步看見商機。

就像故事中的郵票，當別人仍然專注於兩張郵票的價值時，他早已看見前方新的目標，發現一張郵票的無價。

中年男子小聲地向得標者咬耳朵，訴說郵票的價值，雖然有些滑稽，但我們也不得不承認：「能運用聰明機智搶得先機的人，總是能操控商場上的一切，並緊緊把握最好的機會！」

不隨波逐流，就不會當冤大頭

不想當冤大頭，就要培養自己的投資概念
與理財技巧，在這個資訊暢通無礙的時
代，只要肯多下功夫，就一定有機會。

無法親自確認的事，就不要相信片面之詞，對於一知半解的
事，就不能跟著人云亦云。

不管在什麼樣的領域中，我們都要有獨立思考的能力與判斷
力，才不會淪為冤大頭。

巴菲特正在閱讀財經書籍，專心得像孩子閱讀漫畫般認真，
這是他為了成為一個非凡的投資者而培養出來的生活方式。每天
早上他都要閱讀各家報紙的金融版面，而且一字不漏地讀過，絕
不略讀。

正因為他如此認真地研讀財經消息，朋友們對於他的投資策
略都十分有信心，也認為沒有任何人能比得上他。

雖然已經頗有影響力，巴菲特仍然十分謙虛，總是對向他請
益的朋友們說：「凡事不要一窩蜂地跟著別人，一切都要根據事
實。你自己也要做功課，因為沒有人能正確無誤地告訴你哪些投
資穩賺不賠，一切都要靠自己研讀和判斷。」

思考獨立的巴菲特，專心致志的工作態度令他在事業上更如

虎添翼。

　　每到黃昏，他都會去商店買份刊有股市訊息的晚報；回到家後，便開始閱讀一疊疊投資個股的公司年報。

　　他曾對朋友說：「這就像一些熱衷於研究棒球資料或賽馬經的人，他們最終的目標和你我一樣，都是要賺更多的錢。」

　　巴菲特雖大量地閱讀訊息，卻從來都不相信理財顧問所說的話，他說：「如果你手上有一百萬美元，且全部的交易都相信內線消息，那麼你一年之內就會破產。」

　　如何考慮哪些股票值得投資，就巴菲特來說：「我得先說服自己，只要我認定自己的判斷沒錯，那麼我就會做選擇！」

　　巴菲特之所以有這樣的自信，那是因為他對於數字的概念比別人強，無論是球賽成績或是賽馬勝算高低，他幾乎全部研究，即使沒有投資，他也會在這個領域中訓練自己的判斷力與觀察力。

　　巴菲特還有兩項投資的黃金守則：「第一，絕對不能輸錢；第二，絕不忘記第一項守則。」

　　在商場上，他堅持著不負債才能立於不敗之地，他認為：「債務是商戰場上最脆弱的環節，一不小心便會把你絆倒。」

　　處事謹慎的他還提出：「避免投資在你不了解的科技或企業身上。就像是在玩撲克牌的時候，你必須放眼一看就能看出誰是冤大頭，如果你怎麼也看不出來，那表示冤大頭就是你自己！」

　　為了賺取更多的財富，人們經常誤入金錢遊戲的陷阱中，所以巴菲特在故事中一再地叮嚀我們：「把遠光放遠，想賺取更多的財富，一定要先培養自己的理財能力，絕不能人云亦云。」

　　不論你準備進入什麼投資領域，自己始終是最穩當的靠山，

一旦踏入，便要從零開始，不可以隨波逐流，更不可以依賴別人，因為不管對方成就多高，那終究只適用他自己。

　　不想當冤大頭，那麼，我們就要培養自己的投資概念與理財技巧。在這個資訊暢通無礙的時代，只要我們肯多下功夫，就一定有機會。

連死神也怕咬緊牙關的人

 能夠咬緊牙關走過艱難的人，在他們身上都有一股十分驚人的支持力量，那是擊敗厄運之神的重要武器。

據說死神也怕咬緊牙關的人，那是不是代表命運確實掌握在我們手中，連奇蹟也掌握在我們手中嗎？

是的，只要你能微笑地面對生活中的低潮，能笑著走過生命中最艱困的日子，那麼讓人驚嘆的奇蹟便會發生在你身上。

羅伯特和瑪麗終於攀爬到了山頂，一同站在山峰上眺望。

羅伯特忍不住讚嘆：「親愛的，妳看山下的那座城市，在陽光照耀下竟是如此美麗！」

瑪麗開心地仰起了頭，跟著也驚呼：「你看，那藍天上的白雲，你感覺到了嗎？這兒的風好柔軟啊！」

兩個人開心得像個孩子般，竟手舞足蹈起來，但是就在他們開心得忘形時，悲劇竟在這個時候發生。

羅伯特一躍竟一腳踩空，只見他高大的身軀頓時被甩了出去，旋即便朝著萬丈深淵滑了出去。

眼看丈夫就要墜入深淵，正蹲在地上拍攝風景的瑪麗，連思考的時間都沒有，便下意識地一口咬住丈夫的上衣，倉促之間，

雙手正巧緊緊地抱住立在她身邊的一棵樹。

眼前的景象是，懸在空中的羅伯特，正由兩排潔白的牙齒拉住，此景像幅畫般，定格在高空崖邊，令人震懾。

因為承受了極重的力量，瑪麗脆弱的牙齒開始動搖，慢慢地滲出了鮮血。

但是，世界真的有奇蹟，因為瑪麗最不僅撐過了這個痛苦的難關，也救回了丈夫的性命。

有人問瑪麗：「妳怎麼能撐那麼長的時間啊？」

瑪麗張開缺了幾顆牙的嘴，說：「我也不知道，當時在我腦子裡只有一個念頭：『我絕不能鬆口，否則羅伯特肯定會死！』」

這個奇蹟般的事蹟很快傳遍了各地，有人下了評註說：「看來，死神很怕『咬緊牙關』的景象！」

相當震懾人心的故事，想像著瑪麗懸在半空中並緊咬著丈夫的畫面，閱讀至此，一定有許多人的情緒都跟著繃緊起來。

在那個刹那間，我們都看見了生命的潛能，那是在非常時刻才被激發出來的無限潛能！

死神確實害怕咬緊牙關的人，因為能夠咬緊牙關走過艱難的人，身上都有一股十分驚人的支持力量，那是擊敗厄運之神的重要武器，也是保護自己不受困厄擊倒的重要盾牌。

再怎麼辛苦，我們都不能輕易放棄，因為沒有人可以測量出我們身上的真正潛能，我們唯一可以確定的是：「只要我們能咬緊牙關，無論遇上多麼艱困的險境，都一定能走過。」

態度是跨越成功的關鍵

 無論是工作還是生活態度，一個眼神、一句話或是一個小動作，在在表現出你我的工作能力與企圖心。

態度經常是品評一個人的標準，即使是才華洋溢的人，如果在待人接物上的態度漫不經心，甚至表現出傲氣或自恃的神情，不論他的成就多麼高，大多數人也不願給予他正面評價。

這天，有位妝扮十分素雅的老太太，來到麵店門口買東西。

看起來高貴優雅的她，慢條斯理地對店員說：「請給我一斤拉麵……」

老太太話還沒說完，女店員便立即抓起一把麵，接著往秤子上一扔，但是這時，老太太仍然慢慢地繼續說：「麻煩您，請將麵分成兩半，每半斤裝成一包，謝謝！」

老太太話才剛說完，女店員竟怒氣沖沖地說：「妳為什麼不早點講？」

只見女店員心不甘情不願地將麵分成兩包，接著竟然將麵丟給老太太。

這個動作令老太太十分不高興，滿臉慍色地說：「小姐，妳怎麼這麼沒有禮貌啊！」

「半斤麵才賣妳九元,九塊錢!妳想要什麼禮貌?」滿臉都是麵粉的女店員粗聲粗氣地說。

老太太一聽,只得忍著氣走了。從此,老太太寧願多走五百公尺的路程,到較遠的另一個麵攤去買麵,也不願再踏入這間服務很差的麵店。

她說:「我不想受那九塊錢的氣。最重要的是,即使湯頭再好,搭配上那樣的麵條也不可能美味。」

不出所料,一年後那家麵條店倒閉了。

我們一定有過這樣的共同經驗,原本帶著非常好的心情出門,卻在遇見服務態度很差的店員之後,遊玩的興致完全被破壞了,就像故事中的老太太遇見的情況一般。

現實生活中,我們表現出來的態度和情緒,原本就是建立個人形象的重要方式,很多時候一個不經意的眼神,便有可能莫名地失去友朋的情誼,又像一些經常漫不經心地待人接物的人,無論他們在什麼樣的領域中發展,想要有作為恐怕難上加難。

態度是我們表現誠意與才能的最佳方式,發自內心的善意才能打動人心,獲得對方的接納與支持。無論是工作還是生活態度,一個眼神、一句話或是一個小動作,在在表現出我們是否誠懇、用心,甚至表現出你我的工作能力與企圖心。

可以輸給別人，不能輸給自己

不肯定自己會贏的人，永遠不可能成功

〈肯定自己篇〉

王渡—編著

莎士比亞曾說：

「假使我們將自己比做泥土，那就真要成為別人踐踏的東西。」

其實，別人認為你是哪一種人，並不重要，重要的是你是否肯定自己；別人如何打敗你，也不是重點，重點是你是否在別人打敗你之前，就先輸給自己。

馬丁路德曾經寫道：

「最終衡量一個人是否成功，並非看他在順境中如何肯定自己，而是看他在逆境中，是否還能夠自我肯定。」

的確，一個人的強大，不在於他們先天擁有什麼能力，而在於他們如何肯定自己目前擁有的能力。

生活講義

153

不念過去，不畏將來

作　　者　凌　越
社　　長　陳維都
藝術總監　黃聖文
編輯總監　王　凌
出 版 者　普天出版社
　　　　　新北市汐止區康寧街 169 巷 25 號 6 樓
　　　　　TEL／(02) 26921935 (代表號)
　　　　　FAX／(02) 26959332
　　　　　E-mail：popular.press@msa.hinet.net
　　　　　http://www.popu.com.tw/
　　　　　郵政劃撥 19091443 陳維都帳戶
總 經 銷　旭昇圖書有限公司
　　　　　新北市中和區中山路二段 352 號 2F
　　　　　TEL／(02) 22451480 (代表號)
　　　　　FAX／(02) 22451479
　　　　　E-mail：s1686688@ms31.hinet.net
法律顧問　西華律師事務所‧黃憲男律師
電腦排版　巨新電腦排版有限公司
印製裝訂　久裕印刷事業有限公司
出 版 日　2019 (民 108) 年 7 月第 1 版
I S B N◉978-986-389-643-2　　條碼 9789863896432
Copyright◎2019
Printed in Taiwan ,2019 All Rights Reserved

國家圖書館出版品預行編目資料

不念過去，不畏將來／

凌越編著.—第 1 版.—：新北市, 普天

民 108.07 面；公分.-（生活講義；153）

ISBN◉978-986-389-643-2 (平裝)

CIP◉177.2